Bibliografische Information der Deutschen Nationalbibliothek:

Die Deutsche Bibliothek verzeichnet diese Publikation in der Deutschen Nationalbibliografie; detaillierte bibliografische Daten sind im Internet über http://dnb.d-nb.de/ abrufbar.

Impressum:

Druck und Bindung: Books on Demand GmbH, Norderstedt Germany
ISBN: 9783668657861

Dieses Buch bei GRIN:

https://www.grin.com/document/416059

Jeannine Holert, Mona Yaqub

Überwachung am Arbeitsplatz. Möglichkeiten, Auswirkungen und ethische Bedenken

GRIN Verlag

NBS Northern Business School
Wissenschaftliches Arbeiten
SoSe 2015

Überwachung am Arbeitsplatz

Jeannine Holert Mona Yaqub

Abgabedatum: 31.08.2016

Inhalt

Abkürzungsverzeichnis

Abs.	Absatz
ArbZG	Arbeitszeitgesetz
Art.	Artikel
BDSG	Bundesdatenschutzgesetz
BetrVG	Betriebsverfassungsgesetz
BGB	Bürgerliches Gesetzbuch
bzw.	beziehungsweise
ca.	circa
d. h.	das heißt
etc.	et cetera
Gem.	Gemäß
GG	Grundgesetz
ggf.	Gegebenenfalls
OVG	Oberverwaltungsgericht
StGB	Strafgesetzbuch
u. a.	unter anderem
usw.	und so weiter
UWG	Gesetz gegen den unlauteren Wettbewerb
vgl.	vergleiche
z.B.	zum Beispiel

1. Einleitung

1.1 Aufgabenstellung

Die Hausarbeit befasst sich mit dem Thema Überwachung und der dazugehörigen Aufgabenstellung „Überwachung am Arbeitsplatz". Die Autoren haben dieses Thema gewählt, da die Beobachtung von Arbeitnehmern durch technische Einrichtungen und aufgrund der rasanten Weiterentwicklung im Bereich der Kommunikations- und Informationstechnologie aktuell ist wie nie zuvor. Das Ziel dieser Arbeit ist es, dem Leser einen möglichst genauen und übersichtlichen Eindruck von den Möglichkeiten der Arbeitnehmerüberwachung und den damit verbundenen rechtlichen Vorschriften zu verschaffen. Des Weiteren soll geklärt werden, welche Rechte der Arbeitnehmer besitzt und wie weit der Arbeitgeber mit diversen Kontrollvorgängen und Datenerfassungssystemen in die Intimsphäre eines Arbeitnehmers einbrechen darf. Zur Datenerfassung gehört bereits zu Beginn des Berufslebens die Bewerbungsdurchleuchtung, hier wird der Bewerber im Bewerbungsgespräch "unter die Lupe" genommen um mehr über sein Privatleben, seine Intimsphäre oder bestimmte persönliche Daten zu erfahren. Doch dem Informationsbedürfnis des Arbeitgebers sind rechtliche Grenzen gesetzt. Das Instrumentarium der Überwachung von Arbeitnehmern reicht über eine manuelle Zeiterfassung bis hin zu Möglichkeiten der modernen Telekommunikations- und Videoüberwachung. Der Grund hierfür ist die zunehmende Globalisierung und der immer stärker werdende internationale Wettbewerbsdruck der Unternehmen. Hierdurch werden sie dazu gezwungen, stetig nach neuen Einsparungs- und Realisierungsmöglichkeiten zu suchen, aber dürfen Arbeitnehmer praktisch „rund um die Uhr" kontrolliert werden?

Zur Verbesserung der Lesbarkeit wird auf die Unterteilung von männlicher und weiblicher Bezeichnung verzichtet. Wenn u. a. von Mitarbeitern, Arbeitnehmern, Arbeitgebern, Beschäftigten etc. gesprochen wird, sind damit sowohl männliche, als auch weibliche Personen gemeint.
Es werden nur Möglichkeiten der Überwachung erfasst und bewertet, welche im Interesse des Arbeitgebers bzw. Arbeitnehmers stehen, d. h. solche die nicht illegal sind. Der Arbeitgeber ist wie jede Person an das Gesetzt gebunden.

1.2 Aufbau der Arbeit

Zum Beginn der Hausarbeit werden im Theorieteil die unterschiedlichen Möglichkeiten einer Arbeitnehmerüberwachung aufgezählt und auf diese explizit eingegangen. In diesem Bereich werden überwiegend moderne elektronische Varianten der Überwachung

am Arbeitsplatz erläutert. Dabei wird näher darauf eingegangen, welche Mittel Arbeitgeber zur Kontrolle und Datenerfassung ihrer Beschäftigten einsetzen können. Es wird sowohl auf die Arbeitgeber- als auch auf die Arbeitnehmerseite genauer eingegangen.
Im darauffolgenden Kapitel 2.2 wird über neue Datenquellen berichtet, die das Unternehmen neuerdings bereits zu Beginn des Berufslebens nutzen, um die richtige Auswahl bei den Bewerbern zu treffen. Dabei wird hauptsächlich über die legale Überprüfung der Bewerber durch sogenannte Background Checks[1] eingegangen.
Von den beschriebenen Überwachungs- und Kontrollmaßnahmen gehen Gefahren für die Persönlichkeit des einzelnen Arbeitnehmers aus. In diesem Bereich werden die rechtlichen Grenzen beschrieben, die ein Arbeitgeber beachten muss, bevor er seine Kontrollmaßnahmen beginnen möchte. Fortführend wird die Fallstudie mit zwei dazugehörigen Fragestellungen bearbeitet. Die Arbeit schließt mit einer Schlussbetrachtung, zusammengefasst aus Fazit und Ausblick, ab.
Zum Anfang der wissenschaftlichen Arbeit haben sich die Autoren im Internet über diverse Bücher einen groben Einblick in das Thema verschafft. Um den Theorieteil zu verfassen, wurden umfangreiche Quellen genutzt, um eine sinnvolle Gliederung aufzustellen. Darauffolgend wurde die Themensuche, passend zu den Gliederpunkten, eingegrenzt und optimiert. Schlussendlich ist es den Autoren möglich, die Auswertung der Arbeit genauer zu interpretieren und ein Fazit, sowie einen Ausblick, auf Grundlage des Theorieteils und der Fallstudie zu verfassen. Für die allgemeinen theoretischen Grundlagen zur Überwachung am Arbeitsplatz, wurden insgesamt elf Buchquellen hinzugezogen. Im speziellen gibt es wenig aktuelle Bücher zu diesem Thema, weshalb mehrere Artikel aus dem Internet hinzugezogen wurden. Bei der Suche sind häufig Schlagwörter wie „Arbeitnehmerüberwachung“, „Überwachung am Arbeitsplatz“ und „Kontrollmöglichkeiten des Arbeitgebers“ genutzt worden.

2. Theoretische Grundlagen zum Thema Überwachung am Arbeitsplatz

2.1 Die Erforderlichkeit von Arbeitnehmerkontrollen

Die Überwachung von Arbeitnehmern durch elektronische Instrumentarien ist ein Thema, dass aufgrund des rasanten technischen Fortschritts aktuell ist wie nie zuvor. Gemeint sind beispielsweise der Einsatz von Videokameras am Arbeitsplatz, elektroni-

[1] Überprüfung der Angaben von Bewerbern im Bewerbungsverfahren

sche Tor- und Taschenkontrollen, Zeiterfassungssysteme mittels Chip- oder Magnetkarten sowie moderne Telefonanlagen, welche sämtliche Gesprächs-, Email- und Internetdaten abspeichern und überprüfen. Der Leistungskontrolle von Mitarbeitern am Arbeitsplatz sind heute fast keine Grenzen mehr gesetzt. Dem Arbeitgeber wird dadurch die Möglichkeit gegeben, den Arbeitnehmer praktisch „rund um die Uhr“, heimlich oder offen zu überwachen. Es stellt sich die Frage, welchen Grund das Unternehmen veranlasst, die Leistungen und das Verhalten ihrer Mitarbeiter regelrecht auszuspionieren, wo doch früher der gelegentliche Kontrollbesuch des Vorgesetzten als ausreichend galt? Diese verstärkten Kontrollen begründen die Arbeitgeber durch die zunehmende Globalisierung und dem damit einhergehenden immer stärkeren internationalen Wettbewerbsdruck der Unternehmen. Dieser Globalisierungsdruck zwingt die gewinnorientierten Unternehmen regelrecht dazu, verstärkt nach Einsparungsmöglichkeiten zu suchen.

Einen Großteil der Unternehmenskosten machen die Personalkosten aus. Deshalb stehen diese an erster Stelle, besonders in Bereichen der Dienstleistung. Ungefähr 80% aller Unternehmen in Deutschland sind Dienstleistungsunternehmen und stellen heute rund drei Viertel der Arbeitsplätze.[2] Der Dienstleistungssektor erwirtschaftete im Jahr 2013 einen Anteil von insgesamt 69% des Bruttoinlandsprodukts.[3]

Der Kostendruck führt zu einem Interesse der Arbeitgeber an einer hohen Bereitschaft und Effizienz der Mitarbeiter.[4] Die Ziele der immensen Zunahme von technisierten Mitarbeiterkontrollen hängt mit den Gewinnmaximierungsabsichten der Unternehmen zusammen. Neben dem Bestreben Gewinne zu erwirtschaften, kommen weitere Ziele wie Marktmacht, umweltschonende Produktion und Qualitätsführerschaft dazu.[5] Diese Ziele werden durch einen effizienten Ressourceneinsatz erreicht. Einer der wichtigsten Ansätze hierbei ist es, die Lohnkosten gering zu halten und zusätzlich den maximalen Nutzen der Mitarbeiter daraus zu erzielen. Die immer neuere und verstärkte Nutzung von Überwachungstechnologien begründen die Betriebe mit dem Ziel, wirtschaftlicher und effizienter handeln zu wollen als bisher. Und um die Kosten, welche mit einer technischen Überwachung ebenfalls verbunden sind zu rechtfertigen, wird beispielsweise auf die Produktivitätskontrolle oder Aufklärungen von Diebstählen verwiesen. Viele Begründungen sind jedoch im Verhältnis eher selten und es ist häufig schwer zu beurteilen ob

---

[2] Vgl. o.V.: Dienstleistung, auf bmwi.de, 07.06.2016, 08.37 Uhr, http://www.bmwi.de/DE/Themen/Mittelstand/Mittelstandspolitik/dienstleistungen,did=239884.html

[3] Bruttoinlandsprodukt (BIP) ist die Summe all dessen, was in einem Land innerhalb eines Jahres erarbeitet und hergestellt wird.

[4] Vgl. Biegel Andreas: Überwachung von Arbeitnehmern durch technische Einrichtungen, 1. Auflage, Hamburg 2000 S. 1

[5] Vgl. o.V.: Was sind Unternehmensziele?, auf was-ist-bwl.de, 07.06.2016, 09.40 Uhr, http://was-ist-bwl.de/unternehmen-ziele-leistungen-interessen/unternehmensziele

spezielle Überwachungsmaßnahmen Sinn machen. Ist es beispielsweise wirklich sinnvoll den Flirt unter Mitarbeitern, den Gang zur Toilette und deren Aufenthaltsdauer, jede Zigarettenpause, die Kaffeetassenanzahl pro Person usw. auszuspionieren und zu analysieren? Auch wenn solche Vorgehensweisen aus juristischer Perspektive zum Teil zulässig oder geboten sind, können sich diese negativ auf die Arbeitsmotivation auswirken. Denn derartige Überwachungsmaßnahmen können dem Unternehmen erheblicheren Schaden zufügen, als das ein Nutzen daraus gezogen wird. Es kann nämlich nicht ausgeschlossen werden, dass vereinzelte Mitarbeiter erst durch die Tatsache, dass ihr Arbeitgeber ihnen misstraut und seine Arbeitnehmer als potenziell kriminell eingestuft, sich entsprechend rechtswidrig verhalten, indem sie erst recht jede Pause ausnutzen, jede Aufgabe bis zum letzten Fälligkeitstermin abwarten oder pünktlich den Arbeitstag beginnen und beenden, ohne ein paar Minuten früher zu kommen oder Überstunden zu leisten.

Im Vordergrund von Kontrollmaßnahmen stehen dabei die arbeitsvertraglichen Pflichten beim Dienstvertrag gemäß § 611 BGB.[6] Demnach ist der Arbeitnehmer gegenüber dem Arbeitgeber verpflichtet, die vertraglich vereinbarte Tätigkeit zu erbringen.[7] Hierbei handelt es sich um die Hauptpflichten des Arbeitnehmers. Die Hauptpflicht des Arbeitgebers liegt in der Vergütung gemäß § 612 BGB.[8]

Neben den Hauptpflichten existieren noch Nebenpflichten.[9] Zweck ist es, das beide Vertragspartner Rücksicht auf die Rechte und Interessen des jeweiligen anderen nehmen. Die einzelnen Nebenpflichten hängen vom Arbeitsvertrag ab und werden auch als Fürsorge- und Treuepflicht bezeichnet. Die Fürsorgepflicht bezieht sich auf den Arbeitgeber, welche diesem vorschreibt, dass er beispielsweise den Arbeitnehmer effektiv und ausreichend zu beschäftigen hat, Steuern und Sozialabgaben ordnungsgemäß abführt, für menschliche Arbeitsbedingungen und für eine sichere Aufbewahrung der Wertgegenstände des Arbeitnehmers sorgt. Diesen Nebenpflichten, steht die Treuepflicht des Arbeitnehmers gegenüber. Daraus folgt, dass der Arbeitnehmer z. B. Betriebsgeheimnisse wahren muss.[10] Hierunter fallen u. a. auch Rezepturen, Formeln oder spezielle technische Verfahren. Verstößt der Arbeitnehmer gegen diese Pflicht, indem er ein Betriebsgeheimnis an dritte weiterleitet, so ist dies gemäß § 17 Abs. 1 UWG strafbar.[11] Des Wei-

[6] Vgl. BGB: Bürgerliches Gesetzbuch (BGB), auf gesetze-im-internet.de, 08.06.2016, 14.00 Uhr, https://www.gesetze-im-internet.de/bundesrecht/bgb/gesamt.pdf
[7] Vgl. https://www.gesetze-im-internet.de/bundesrecht/bgb/gesamt.pdf (Stand: 08.06.2016, 14.00 Uhr)
[8] Vgl. https://www.gesetze-im-internet.de/bundesrecht/bgb/gesamt.pdf (Stand: 08.06.2016, 14.00 Uhr)
[9] Zu den Nebenpflichten zählen fast alle über die Hauptpflichten hinausgehenden Pflichten
[10] Vgl. o.V.: Haupt- und Nebenpflichten aus dem Arbeitsverhältnis, auf internetratgeber-recht.de, 08.06.2016, 16.17 Uhr, http://www.internetratgeber-recht.de/Arbeitsrecht/frameset.htm?http://www.internetratgeber-recht.de/Arbeitsrecht/RechteundPflichten/rpa3.htm
[11] Vgl. UWG: Gesetz gegen den unlauteren Wettbewerb (UWG), auf gesetze-im-internet.de, 08.06.2016, 17.00 Uhr, https://www.gesetze-im-internet.de/bundesrecht/uwg_2004/gesamt.pdf

teren ist es verboten, Mitarbeiter des eigenen Unternehmens abzuwerben. Dies ist beispielsweise der Fall, wenn ein Mitarbeiter in nächster Zeit seinen Dienst bei einem neuen Arbeitgeber antritt und zu diesen Zwecken weitere Beschäftigte versucht dazu zu bewegen, ebenfalls den Arbeitgeber zu wechseln.[12]

2.2 Möglichkeiten der Arbeitnehmerüberwachung

Wie der Titel der vorliegenden Arbeit zeigt, sollen die Möglichkeiten der Arbeitnehmerüberwachung vorgestellt werden. Davon stehen sich die Überwachung ohne technische Hilfsmittel und die technische Überwachung unter Zuhilfenahme von elektronischen Mitteln gegenüber. Die offenen und sogenannten nicht technischen Überwachungen, setzen sich zusammen aus Beobachtungen, Befragungen und Durchsuchungen, durch beispielsweise den Vorgesetzten oder einem Detektiv. Es erfolgt also eine direkte Überwachung, bekannt ist hier der berühmte Blick über die Schulter des Arbeitnehmers. Bei der technisierten Kontrolle existieren unterschiedliche Einrichtungen, deren Verwendung entweder unterstützend ist, wie bei der Verwendung von Detektoren bei einer Taschen- bzw. Körperkontrolle, oder sie arbeiten komplett eigenständig.
Ein Nachteil bei der nicht technischen Überwachung liegt in dem begrenzt einsetzbaren Zeitfenster und überschaubaren Anwendungsbereichen. Ein weiteres Kontra bildet der Kostenfaktor. Beispielsweise ist der Einsatz von Sicherheitspersonal oder Detektiven mit hohen Kosten verbunden, welche sich viele Unternehmen auf Dauer zum Teil nicht leisten können und auch nicht wollen. Deshalb greifen viele Arbeitgeber immer häufiger auf technisch eigenständige, kostengünstige und zeitlich unbegrenzte Einsatzmöglichkeiten zurück. Mit der zunehmenden Technisierung und neuen Systemen steigt auch die Überwachungsintensität.
Die Grenzen zwischen nicht technischer und technischer Überwachung verlaufen oftmals fließend, sodass sie von Arbeitnehmern immer schwieriger zu bemerken sind und es daher auch problematischer wird, solche Maßnahmen abzuwenden. Die Unterscheidung dieser beiden Überwachungsarten ist ein zentraler Punkt, wenn es um die Frage der Mitbestimmung des Betriebsrates geht. Bei einer nicht technischen Überwachungsmaßnahme hat der Betriebsrat laut § 87 Abs. 1 Nr. 6 BetrVG kein Mitbestimmungsrecht.[13] Bei der Einführung einer technischen Überwachungsmaßnahme, welche dazu bestimmt ist, das Verhalten oder die Leistung der Arbeitnehmer zu überwachen, bestehen für den Betriebsrat allerdings die Möglichkeiten der Mitbestimmung, welche im Rahmen der einzelnen Überwachungsarten genauer dargestellt werden.

[12] Vgl. http://www.internetratgeber-recht.de/Arbeitsrecht/frameset.htm?http://www.internetratgeber-recht.de/Arbeitsrecht/RechteundPflichten/rpa3.htm (Stand: 08.06.2016, 16.17 Uhr)
[13] Vgl. Betriebsverfassungsgesetz: Betriebsverfassungsgesetz § 87 Mitbestimmungsrechte, auf gesetze-im-internet.de, 26.08.2016, 10.42 Uhr, http://www.gesetze-im-internet.de/betrvg/__87.html

2.2.1 Elektronische Zeiterfassung und Zugangskontrollsysteme

Die wohl gängigste und sehr beliebte Art der Arbeitnehmerüberwachung ist die Kontrolle der Elektronischen Zeiterfassung und Zugangskontrollsysteme. Dies ist dadurch zu begründen, dass die Arbeitszeiterfassung für den Arbeitgeber eine einfache Möglichkeit ist, zu überprüfen, ob der Arbeitnehmer seine vertraglich geregelten Anwesenheits- und Arbeitszeiten erfüllt.[14] Das System wird bei Arbeitsbeginn, Arbeitspausen und Arbeitsende verwendet. Durch die Hilfe von Chip- oder Magnetkarten erfolgt heutzutage die Zeiterfassung, welches es ermöglicht, die Arbeitszeitkontrolle mit einer Zugangskontrolle zu verbinden. Dies ist beispielsweise der Fall, wenn eine Tür geöffnet werden muss, nachdem die Zugangsberechtigung mit einer gültigen Chip- oder Magnetkarte überprüft und genehmigt wurde.

Die Chipkarten im Scheckkartenformat sind ein kostengünstiges Massenprodukt. Sie sind leicht administrierbar und vielseitig nutzbar. Benötigt werden dafür nur ein entsprechendes Kartenlesegerät und eine Schnittstelle zu dem jeweiligen Anwendungsprogramm. Mittels der Chipkarten-Technologie RFID[15] kann ein kontaktloses Auslesen der abgespeicherten Informationen und Daten erfolgen.[16] Es gibt verschiedene Typen von RFID-Chips. Das wichtigste Unterscheidungsmerkmal ist, ob der Chip über eine eigene Stromversorgung verfügt (aktiver Chip) oder nicht (passiver Chip). Beim Einsatz zur Mitarbeiteridentifikation wird ein passiver Chip eingesetzt. Dieser RFID-Chip sendet nur dann ein Signal aus, wenn er sich in Reichweite eines Lesegerätes befindet. Die Reichweite eines solchen Chips beträgt maximal 50 cm.[17] Auch wenn dieses System vielfältig anwendbar ist und ein schnelles Einloggen möglich macht, ist es doch als problematisch anzusehen. Denn da die Karte selbständig Informationen und Daten sendet, kann der Nutzer diese Sendefunktion nicht abschalten, ohne den Chip zu beschädigen. Die Standorte von Lesegeräten innerhalb des Unternehmens, sollte den Mitarbeitern deshalb bekannt sein. Bei einer hohen Anzahl an Lesegeräten kann das Unternehmen ohne Probleme ein detailliertes Bewegungsprofil seiner Arbeitnehmer erstellen.[18]

---

[14] Vgl. Dr. Datenschutz: Arbeitnehmerdatenschutz, auf datenschutzbeauftragter-info.de, 25.08.2016, 15.44 Uhr, https://www.datenschutzbeauftragter-info.de/fachbeitraege/arbeitnehmerdatenschutz/

[15] Radio Frequency Identification bzw. Radiowellen-Identifikation

[16] Vgl. Hammann Dirk, Schmitz Karl, Apitzsch Wolfgang: Überwachung und Arbeitnehmerdatenschutz – Handlungshilfe für Betriebsräte, 2. Auflage, Frankfurt/Main 2014 S. 103 f.

[17] Vgl. Hammann Dirk, Schmitz Karl, Apitzsch Wolfgang: Überwachung und Arbeitnehmerdatenschutz – Handlungshilfe für Betriebsräte, 2. Auflage, Frankfurt/Main 2014 S. 104 f.

[18] Vgl. Hammann Dirk, Schmitz Karl, Apitzsch Wolfgang: Überwachung und Arbeitnehmerdatenschutz – Handlungshilfe für Betriebsräte, 2. Auflage, Frankfurt/Main 2014 S. 104 f.

Unter anderem wird das RFID-System in großen Einzelhandelsketten eingesetzt. RFID-Chips werden als Etiketten an den Waren angebracht und diese etikettierten Waren senden ihren Preis automatisch an die Kasse oder es kann kontrolliert werden, wann neue Produkte in den Regalen nachgefüllt werden müssen.[19]

In der Praxis kommen häufig folgende Systeme zur Anwendung: Zeiterfassung, Zutrittskontrolle und Schließsystem, Login-Kontrolle für den Computer und Abrechnungssysteme für die Kantine. Alle eben genannten Überwachungssysteme können einzeln benutzt oder kombiniert werden.[20]

Ebenfalls können heutzutage moderne Systeme Abwesenheitsgründe dokumentieren, wie dies beispielsweise bei Dienstreisen, Krankheit, Urlaub, Fortbildungen, Betriebsratssitzungen usw. der Fall sein kann. Die Daten werden z. B. für die Erstellung der Abrechnung und für Arbeitskontrollen durchgeführt. Die Intensität dieser Art der Arbeitnehmerüberwachung kann als gering angesehen werden, da lediglich festgehalten wird, wann der Mitarbeiter seine Schicht angefangen und wann beendet hat. Es werden innerhalb des Betriebes keine weiteren Zugangskontrollen erfasst und der Mitarbeiter kann sich frei auf dem Betriebsgelände bewegen und aufhalten. Somit liegen dem Arbeitgeber nur Daten darüber vor, in welchem Zeitrahmen sich die betreffende Person im Unternehmen aufgehalten hat, jedoch nicht wo sich der Arbeitnehmer während dieser Zeit befunden hat noch welcher Tätigkeit dieser nachging. Wenn sich innerhalb des Betriebes weitere elektronische Zeiterfassung und Zugangskontrollsysteme befinden, nimmt der Grad der Überwachung drastisch zu. In sicherheitsrelevanten Bereichen, wie einem Atomkraftwerk oder militärischen Anlagen, werden sämtliche Bewegungsabläufe der Arbeitnehmer kontrolliert und überwacht. Aber auch in der Firmenkantine können Zugangskontrollen gegeben sein, wenn der Mitarbeiter z. B. seine mitgeführte Chip- bzw. Magnetkarte auch als Zahlungsmittel einsetzt. Durch die Datenverarbeitung kann ein vollständiges Bewegungsprofil erstellt werden, d. h. durch die Datenerfassung und Erhebung der Zugangskontrollen, kann nicht nur Auskunft darüber gegeben werden, wo sich ein Mitarbeiter aktuell aufhält, sondern auch wo und wie lange er sich in der Vergangenheit aufgehalten hat. Je mehr innerbetriebliche Zugangskontrollen es im Unternehmen gibt, desto deutlicher werden die Bewegungsabläufe sämtlicher Personen. Umso mehr Daten dieser Art erhoben und gespeichert werden, umso eher lassen sich hieraus Rückschlüsse auf das Arbeitsverhalten eines jeden einzelnen ziehen. Beispielsweise sind am Flughafen München über 20.000 Personen tätig und jeder von ihnen ist

[19] Vgl. Hammann Dirk, Schmitz Karl, Apitzsch Wolfgang: Überwachung und Arbeitnehmerdatenschutz – Handlungshilfe für Betriebsräte, 2. Auflage, Frankfurt/Main 2014 S. 104 f.

[20] Vgl. Hammann Dirk, Schmitz Karl, Apitzsch Wolfgang: Überwachung und Arbeitnehmerdatenschutz – Handlungshilfe für Betriebsräte, 2. Auflage, Frankfurt/Main 2014 S. 103

mit einer persönlich codierten Chipkarte ausgestattet, die die jeweiligen Einsatzbereiche und Berechtigungsprofile enthält. Viele Mitarbeiter halten sich arbeitsbedingt an wechselnden Orten innerhalb des Flughafenbereichs auf und passieren dabei eine Vielzahl von elektronischen Schleusen. Allein im Sicherheitssystem dieses einen Flughafens werden daher täglich ca. 500.000 Kontrollvorgänge registriert.[21]

2.2.2 Tor- und Taschenkontrolle

Die Torkontrolle dient wie die elektronische Zeiterfassung zur Anwesenheitserfassung als auch zur Zeiterfassung und ist dieser Kontrollart sehr ähnlich. Torkontrollen werden mittels rein visuelle Erkennungen durch eine kontrollierende Person durchgeführt oder über einen speziellen Ausweis bin hin zur mitgeführten Chipkarte, welche durch entsprechende Lesegeräte ausgewertet werden. Für Einsatzbereiche, in denen besonders hohe Sicherheitsanforderungen herrschen, kann die Authentifizierung mittels Magnetkarte ergänzt oder komplett ersetzt werden.[22] Durch weitere Maßnahmen, mit denen die Identität der Personen sichergestellt werden soll, z. B. durch die Eingabe eines persönlichen Zahlencodes oder durch den Einsatz biometrischer Erkennungssysteme, erhöht sich die Sicherheit innerhalb des Unternehmens. Durch die Messung biologischer Merkmale können individuelle Personen zugeordnet werden. Die Messwerte sollten nicht veränderbar sein, dies würde ansonsten zu dem Problem führen, dass sich Mitarbeiter vermehrt autorisieren müssten. Beispiele für biometrische Charakteristika sind unter anderem die Körpergröße, Iris, Fingerabdruck, Gesichtserkennung, Stimme und die DNA.[23] Der Vorteil im Gegensatz zur elektronischen Zeiterfassung liegt darin, dass eine erhöhte Sicherheit gegeben ist. So können z. B. Chipkarten, Magnetkarten und USB-Sticks ausgetauscht und kopiert werden, Schlüssen können verloren oder nachgemacht werden und der Verlust würde einen kompletten Austausch bzw. eine neue Formatierung des Sicherheitssystemes erfordern. Dieses Vorgehen ist mit sehr hohen Kosten verbunden, welche mit dem Biometrik-Verfahren leicht ausgeschlossen werden können, denn der eigene Fingerabdruck ist nahezu einmalig.

Taschenkontrollen und Durchsuchungen sind erweiterte Sicherheitsmaßnahmen. Sie dienen als Abschreckung vor Diebstählen und weiteren strafbaren Handlungen. Hierbei handelt es sich nicht nur um Warendiebstähle, sondern hauptsächlich um die Wahrung von Betriebsgeheimnissen und vertraulichen Informationen, welche das Unternehmen

---

[21] Vgl. Biegel Andreas: Überwachung von Arbeitnehmern durch technische Einrichtungen, 1. Auflage, Hamburg 2000 S. 18

[22] Vgl. Hammann Dirk, Schmitz Karl, Apitzsch Wolfgang: Überwachung und Arbeitnehmerdatenschutz – Handlungshilfe für Betriebsräte, 2. Auflage, Frankfurt/Main 2014 S. 104

[23] Vgl. Hammann Dirk, Schmitz Karl, Apitzsch Wolfgang: Überwachung und Arbeitnehmerdatenschutz – Handlungshilfe für Betriebsräte, 2. Auflage, Frankfurt/Main 2014 S. 104

nicht verlassen dürfen. Durch die Durchsuchung sollen Dokumente und Datenträger kontrolliert werden um auf "Nummer sicher" zu gehen.

2.2.3 Videoüberwachung

Die Videoüberwachung per Videokameras ist in der Arbeitswelt ein sehr umstrittenes Themengebiet. Immer häufiger werden Arbeitnehmer bei der Arbeit mittels Videoüberwachung kontrolliert und bespitzelt.[24] Die Videoüberwachung am Arbeitsplatz stellt einen erheblichen Eingriff in das Persönlichkeitsrecht des Beschäftigten dar.[25] Trotz sich häufender bestätigten Mitarbeiterbespitzelungen, wie es u. a. zuletzt bei Lidl, Aldi, der Deutschen Bahn etc. der Fall war, setzten immer mehr Unternehmen auf diese Kontrollart. Infolge der rasanten technischen Entwicklung sind Videokameras nicht nur immer kleiner und kostengünstiger geworden, sondern verfügen zudem über zahlreiche Funktionen, wie Standbildaufnahme, Zoom, Zeitlupe, Tonaufnahme, punktgenaue zeitliche Zuordnung und Bewegungsmelder. Moderne Kameras können zusätzlich auch Rundumschwenkungen vollziehen und besitzen somit einen "360Grad-Blick". Ein großer Vorteil der Videoüberwachung liegt darin, dass Kameras überall angebracht und installiert werden können. Früher wurden die Videoaufnahmen direkt auf einen Bildschirm übertragen, ohne dass die Aufnahmen abgespeichert wurden. Hier spricht man von "Monitoring". Mittlerweile wird dieses Verfahren kaum noch eingesetzt, da das Abspeichern, Archivieren und ggf. das Bearbeiten mittels Bildbearbeitungsprogrammen von Videoaufnahmen ohne größere Kostenaufwendungen möglich ist. Im Endeffekt sind dem Arbeitgeber keine Grenzen mehr gesetzt, was das dauerhafte und lückenlose Überwachen jeder Bewegung innerhalb des Betriebes angeht.

Allerdings gelten hier strenge Regeln, denn wenn kein konkreter Verdacht vorliegt, ist eine Videoüberwachung am Arbeitsplatz generell nicht gestattet. Voraussetzung ist somit, dass der Arbeitgeber durch klare und eindeutige Beweise, eine Überwachung durch Videokameras rechtfertigen muss.[26] Hierbei ist des Weiteren zu beachten, dass die Arbeitnehmer vor der Überwachung darüber in Kenntnis gesetzt werden müssen, dass eine Videoüberwachung stattfindet und an welchen Orten die Beschäftigten gefilmt werden. Ebenso müssen Kunden durch z.B. Aushänge an der Eingangstür darauf hingewiesen werden, dass eine Überwachung per Videokamera in diesem Bereich stattfindet.[27]

---

[24] Vgl. Kaumanns Peter: Zur Zulässigkeit einer Videoüberwachung von Arbeitnehmern am Arbeitsplatz, auf aufrecht.de, 30.08.2016, 16.24 Uhr, http://www.aufrecht.de/beitraege-unserer-anwaelte/arbeitsrecht/wann-ist-eine-videoueberwachung-von-arbeitnehmern-am-arbeitsplatz-erlaubt-und-wann-nicht.html

[25] Vgl. https://www.anwalt.de/rechtstipps/ueberwachung-am-arbeitsplatz-was-ist-erlaubt_050997.html (Stand: 11.06.2016, 17.45 Uhr)

[26] Vgl. o. V.: Die totale Überwachung am Arbeitsplatz: Was darf der Chef?, auf deutsche-anwaltshotline.de, 11.06.2016, 16.17 Uhr, http://www.deutsche-anwaltshotline.de/recht/news/302057-die-totale-ueberwachung-am-arbeitsplatz--was-darf-der-chef

[27] Vgl. https://www.anwalt.de/rechtstipps/ueberwachung-am-arbeitsplatz-was-ist-erlaubt_050997.html

Unternehmen ist es strengstens untersagt, Dusch- und Umkleideräume, sowie Toiletten zu überwachen, da dies eine massive Verletzung der Privatsphäre darstellen würde.
Die Aufnahmen können auch außerhalb des Betriebes begutachtet werden, z. B. übers Tablet oder Handy. Hierfür muss eine spezielle App heruntergeladen werden und es muss zusätzlich ein Internetanschluss zu Verfügung stehen. Dem Arbeitgeber bietet sich also die Möglichkeit, auch von Zuhause aus immer einen Blick auf das Unternehmensgeschehen zu haben. An dieser Stelle spaltet sich das Thema Videoüberwachung in die offene und verdeckte Kontrolle auf. Die offene Überwachung dient in der Regel als zusätzliche Abschreckungsmaßnahme. Kameras werden in Eingangs-, Verkaufs- und Kassenbereichen eingesetzt, um Straftaten aufzudecken bzw. diese schon im Vorwege zu verhindern. Wenn Kameras heimlich und verdeckt im Betrieb installiert werden oder wenn Mitarbeiter überlaufende Videoaufnahmen nicht informiert werden, spricht man von einer verdeckten Videoüberwachung. Da moderne Minikameras kaum noch größer sind als ein Stecknadelkopf, bietet sich für den Arbeitgeber solch eine Überwachungsmethode an. Allerdings geht es nicht immer nur um die Leistungskontrolle von Arbeitnehmern, sondern auch um Prozesskontrollen innerhalb der Produktion im Auge zu behalten. Fast immer werden dabei auch die Arbeitnehmer gefilmt, wie beispielsweise im Supermarkt oder an der Tankstelle.[28] Hier werden Kameras eingesetzt, um unter anderem bei Diebstählen oder Überfällen Beweismittel einsetzen zu können.[29]
Eine dauerhafte und verdachtsunabhängige Überwachung von Arbeitnehmern Mittels Videokameras, wurde von den Gerichten bisher regelmäßig als unverhältnismäßig und rechtswidrig eingestuft. Wenn eine unberechtigte Kontrolle durchgeführt wird, kann der Beschäftigte Schadensersatzansprüche geltend machen. In einem Fall, welcher sich 2011 zugetragen hat, wurde eine 24-jährige Mitarbeiterin eines bundesweit agierenden Unternehmens seit mindestens Juni 2008 an Ihrem Arbeitsplatz durch eine Videokamera gefilmt. Hiergegen klagte Sie im Oktober 2008 vor dem Arbeitsgericht Wetzlar. Die Arbeitnehmerin machte geltend, durch die Videoaufnahmen in ihrem Persönlichkeitsrecht verletzt worden zu sein und forderte von dem Unternehmen 15.000 € Schadensersatz. Darauffolgend wehrte sich der Arbeitgeber und legte Berufung zum Landesarbeitsgericht Frankfurt ein. Dieses jedoch sah ebenfalls die Persönlichkeitsrechte der Arbeitnehmerin durch die Kameraüberwachung massiv beeinträchtigt und verurteilte das Unternehmen dann zu einer Zahlung von 7.000 € Schadensersatz.[30]

(Stand: 11.06.2016, 17.45 Uhr)

[28] Vgl. http://www.aufrecht.de/beitraege-unserer-anwaelte/arbeitsrecht/wann-ist-eine-videoueberwachung-von-arbeitnehmern-am-arbeitsplatz-erlaubt-und-wann-nicht.html (Stand: 30.08.2016, 16.24 Uhr)

[29] Vgl. http://www.aufrecht.de/beitraege-unserer-anwaelte/arbeitsrecht/wann-ist-eine-videoueberwachung-von-arbeitnehmern-am-arbeitsplatz-erlaubt-und-wann-nicht.html (Stand: 30.08.2016, 16.24 Uhr)

[30] Vgl. Schneider Volker: Videoüberwachung am Arbeitsplatz – Hoher Schadensersatz für Arbeitnehmer möglich, auf anwalt.de, 27.08.2016, 21.37 Uhr,

2.2.4 Computer- und E-Mailüberwachung

Die meiste Zeit des Tages verbringt ein Beschäftigter an seinem Arbeitsplatz. In der heutigen Zeit ist es fast unmöglich geworden ohne einen PC effizient und schnell zu arbeiten. Denn der größte Teil der anfallenden Bürotätigkeiten werden unter Verwendung eines Computers, Laptops oder Tablet bearbeitet. Es ist üblich geworden, dass jeder Mitarbeiter einen Computer am Arbeitsplatz vom Unternehmen gestellt bekommt. Dabei greifen im Regelfall alle lokalen Rechner auf ein zentrales Netzwerk zu. Der Vorteil liegt hierbei in der Datensicherung- und pflege. Es ist leichter Software zentral auf jeden Computer zu installieren und Dateien an Mitarbeiter weiterzuleiten, zusätzlich muss nicht jedes neue Dokument separat gespeichert werden. Dadurch werden Kosten und Arbeitszeit eingespart. Der Zugang zum Netzwerk erfolgt durch einen persönlichen Code. Dieser ermöglicht es verschiedene Zugriffsrechte zu vergeben. Z. B. kann ein Personalleiter auf sämtliche Daten (Rechnungen, Emailverläufe mit Kunden, Bestellungen usw.) seiner Mitarbeiter zugreifen um eventuell aufkommende Fragen oder Probleme schnell beantworten bzw. lösen zu können. Der Geschäftsführer verfügt dabei meist über sämtliche Nutzungsrechte im Betrieb. Eine Person die einen kompletten Zugriff auf alle Daten besitzt, wird auch als Administrator bezeichnet und übernimmt eine besondere Rolle innerhalb des Unternehmens, da er für die Zugriffsrechte der Arbeitnehmer zuständig ist.
Es wird zwischen zwei Kontrollmöglichkeiten am Computerarbeitsplatz unterschieden. Auf der einen Seite gibt es den Bereich des Surfverhaltens im Internet und die Überwachung der E-Mailnutzung und die andere Seite zielt darauf ab, Gefahren durch Viren und schädliches Herunterladen von Software zu vermeiden.
Oft ist die Versuchung groß, kurz während der Arbeitszeit die privaten E-Mails zu checken, schnell eine Bestellung für Zuhause zu tätigen oder ein Privattelefonat zu führen. Dagegen interessiert den Arbeitgeber, ob seine Angestellten ihre Arbeit auch ordnungsgemäß erledigen und keine kostbare Zeit mit privaten Angelegenheiten vergeuden.[31] Deshalb werden regelmäßig die Verläufe des Browsers jedes Mitarbeiters überprüft. Damit ist es ein Kinderspiel festzustellen, wer wann, wie oft und wie lange für private Zwecke im Internet gesurft hat. Allerdings dürfen solche Kontrollen nur strichprobenartig oder unter absoluten Ausnahmesituationen eingesetzt werden.[32] Dies ist beispielsweise der Fall, wenn ein belegbarer Missbrauchsverdacht vorliegt. Fühlt sich ein Arbeitnehmer zu Unrecht überwacht, hat er dies dem Arbeitgeber umgehend mitzuteilen. Falls dieser dann weiterhin unberechtigterweise Kontrollvorgänge durchführt, kann der Arbeitnehmer

---

https://www.anwalt.de/rechtstipps/videoueberwachung-am-arbeitsplatz-hoher-schadensersatz-fuer-arbeitnehmer-moeglich_016996.html

[31] Vgl. Voigt Sandra: Überwachung am Arbeitsplatz – Was ist erlaubt?, auf anwalt.de, 11.06.2016, 17.45 Uhr, https://www.anwalt.de/rechtstipps/ueberwachung-am-arbeitsplatz-was-ist-erlaubt_050997.html

[32] Vgl. http://www.deutsche-anwaltshotline.de/recht/news/302057-die-totale-ueberwachung-am-arbeitsplatz--was-darf-der-chef (Stand: 11.06.2016, 16.17 Uhr)

hohe Schadensersatzansprüche geltend machen, da sein Persönlichkeitsrecht verletzt wird.

Neben der Möglichkeit den Verlauf des Browsers zu überprüfen, können auch IT-Mitarbeiter ohne großen Aufwand zu betreiben feststellen, welche Webseiten vom Arbeitnehmer besucht wurden. Das einfache Löschen des Browserverlaufes reicht heutzutage nicht mehr aus, da spezielle Spionagesoftwares die URLs separat abspeichern und protokollieren können. Die Kosten für solche Programme liegen bei ungefähr 100 Euro. Diese werden dann ohne das Wissen der Mitarbeiter installiert und können nicht ohne weiteres erkannt werden. Aber auch ohne solche speziellen Spionageprogramme, hinterlassen die Arbeitnehmer Spuren, durch beispielsweise Cookies[33]. Diese werden automatisch beim Aufrufen bestimmter Seiten auf dem Rechner installiert.[34] Für Arbeitnehmer ist es deshalb ratsam, Internetseiten, welche gewaltbezogene, pornografische sowie rassistische Inhalte führen zu meiden, um negative Konsequenzen im Vorneherein auszuschließen.[35]

Möchte der Arbeitgeber auf Nummer Sicher gehen, kann er auch Internetseiten für alle Computer über das Netzwerk sperren lassen. Auch hier hat der Administrator wieder die Möglichkeit individuell für Mitarbeiter Webseiten zu sperren oder freizugeben. Häufig ist es in Unternehmen anzutreffen, das Shoppingwebseiten wie Amazon, Otto, Zalando und Soziale Netzwerke wie Facebook, Twitter, YouTube etc. gesperrt werden und die Mitarbeiter keinen Zugriff darauf haben. Es ist nicht auszuschließen, dass Arbeitnehmer daraufhin über ihre privaten Smartphones auf die besagten Webseiten zugreifen.

Private E-Mails dürfen vom Arbeitgeber nicht gelesen werden. E-Mails mit geschäftlichem Hintergrund hingegen schon. Es ist heutzutage möglich, dienstliche E-Mails von den privaten abzugrenzen, wodurch der Arbeitgeber bei Bedarf auf die beruflich veranlassten Nachrichten zugreifen kann.[36] Bei Verdacht auf geschäftsschädigendes Verhalten, z. B. Weitergabe von Betriebsgeheimnissen an Dritte, ist es dem Arbeitgeber allerdings erlaubt auch auf private E-Mails zuzugreifen. Um die E-Mails unterscheiden zu können, wird z.B. ein separater E-Mail-Account eingerichtet oder die persönlichen Nachrichten mit "Privat" gekennzeichnet.[37]

---

[33] Datengruppen, mit welcher der Benutzer eine Webseite identifizieren kann.

[34] Vgl. Renners Stephan: Private Investigation und Arbeitsrecht, Band 93, Hamburg 2007, Seite 227

[35] Vgl. http://www.deutsche-anwaltshotline.de/recht/news/302057-die-totale-ueberwachung-am-arbeitsplatz--was-darf-der-chef (Stand: 11.06.2016, 16.17 Uhr)

[36] Vgl. https://www.anwalt.de/rechtstipps/ueberwachung-am-arbeitsplatz-was-ist-erlaubt_050997.html (Stand: 11.06.2016, 17.45 Uhr)

[37] Vgl. http://www.deutsche-anwaltshotline.de/recht/news/302057-die-totale-ueberwachung-am-arbeitsplatz--was-darf-der-chef (Stand: 11.06.2016, 16.17 Uhr)

2.2.5 Telefonüberwachung

In einem Unternehmen spielt nicht nur der Internetzugang eine tragende Rolle, sondern auch das Telefon ist mittlerweile unverzichtbar. Mitarbeiter, die während der Arbeitszeit privat telefonieren, verursachen nicht nur Telefonkosten, sondern sind auch von der Arbeit abgelenkt und stören möglicherweise ihre Kollegen. Andererseits erscheint ein striktes Verbot, seitens des Arbeitgebers, als sehr überzogen. Es gibt zahlreiche Begründungen, warum ein Privatgespräch vom Büro aus, als gelegentlich angemessen und wichtig erachtet werden kann.[38]

Moderne Telefonanlagen bieten umfangreiche Überwachungsmöglichkeiten. Sie sind eine spezielle Form von Computeranlagen, die neben der Grundfunktion des Telefonierens viele extra Leistungen mit sich bringen. Hierzu gehören z.B. bei der Gesprächsvermittlung die Wahlwiederholung, Anklopfen mit automatischer Rückruffunktion oder die Anrufweiterleitung auf eine andere Nebenstelle, wenn die gewählte Nummer besetzt ist. Des Weiteren verfügen elektronische Telefonanlagen über Telefondatenerfassungssysteme die eine Analyse der Kostenstellenrechnung erlauben. Der Arbeitgeber verfolgt das Ziel, die anfallenden Telefonkosten aufzuteilen. Dies Erfolgt zunächst durch eine genaue Zuordnung der Gespräche nach Kostenstellen. Im darauffolgenden Schritt können die einzelnen Anschlüsse genauer überprüft werden, indem die ein- und ausgehenden Telefonverbindungen, sowie die Gesprächsdauer ausgewertet werden. Anhand der gespeicherten Verbindungsdaten lässt sich nachprüfen, ob und in welchem Umfang der Mitarbeiter Dienst- und Privatgespräche geführt hat. Dieses System ist mittlerweile fast überall anzutreffen.

Zum Bereich der Telefonüberwachung gehören das Abhören und Mithören von Telefongesprächen. Häufig werden Telefonate aus einfachen Gründen mitgehört. Beispielsweise um die Servicequalität eines Kundengesprächs zu überprüfen und ggf. zu optimieren oder zu Ausbildungszwecken, um neue Mitarbeiter einzuarbeiten. Die Telefonate werden hierbei einfach aufgezeichnet, um sie später genauer zu analysieren und Verbesserungsvorschläge erarbeiten zu können. Das Mithören kann auch zur Kontrolle eingesetzt werden, indem geprüft wird ob Privatgespräche geführt werden. Außerdem kann die Loyalität des Arbeitnehmers in Bezug auf die Wahrung von Betriebsgeheimnissen kontrolliert werden. Es muss, wie im vorherigen Kapitel schon beschrieben wurde, erst eine genaue Vereinbarung im Arbeitsvertrag festgelegt werden, ob man gelegentlich privat am Arbeitsplatz telefonieren darf oder nicht, denn grundsätzlich darf man am Arbeits-

[38] Vgl. Büring Harald: Telefon- und Videoüberwachung am Arbeitsplatz – Achtung bei zu strenger Kontrolle!, auf akademie.de, 24.08.2016, 15.21 Uhr, http://www.akademie.de/wissen/telefon-videoueberwachung

platz nicht privat telefonieren. Erlaubt der Arbeitgeber jedoch im gewissen Umfang private Telefonate führen zu dürfen, so darf dieser die Gespräche weder mithören, noch aufzeichnen.[39]
Eine weitere Art der Überwachung stellen Testanrufe dar. In der Regel ruft hier ein Mitarbeiter in dem eigenen Unternehmen an, um die Servicequalität der Beratung zu prüfen und zu verbessern.
Bei einer Gesprächsaufzeichnung werden die Rechte Dritter berührt. Deshalb ist es Notwendig, die Person vor dem Telefonat darüber in Kenntnis zu setzen, dass das folgende Gespräch in vereinzelten Fällen aufgezeichnet bzw. mitgehört wird. Falls die betroffene Person das nicht möchte, hat er dies dem Mitarbeiter direkt zum Anfang des Gespräches mitzuteilen. Dem Wunsch hat der Angestellte strikt Folge zu leisten.

2.3 People Analytics – Der Algorithmus wird Personalchef

2.3.1 Der Gläserne Bewerber

Am Arbeitsplatz gilt für viele Arbeitgeber das Motto "Vertrauen ist gut, Kontrolle ist besser". Das größte und wichtigste Unternehmenskapital sind die eigenen Mitarbeiter, denn sie bestimmen maßgeblich über den Erfolg oder Misserfolg eines Unternehmens. Daher kommt der Auswahl des eingestellten Personals eine besondere Bedeutung zugute.
Die Möglichkeiten der Überwachung von Angestellten sind vielfältig. Schon vor dem Einstieg in das Unternehmen ist eine Kontrolle zu beobachten. Immer mehr Firmen in Deutschland setzen auf sogenannte Background Checks[40]. Dieses bezeichnet eine legale Überprüfung der Bewerbungsangaben vor der Unterzeichnung des Arbeitsvertrages.
Was viele nicht wissen ist, dass der Bewerber schon beim Bewerbungsgespräch auf seine Vergangenheit "durchleuchtet" wird, um das Aussuchen eines ungeeigneten Mitarbeiters im Vorwege zu verhindern.[41] Vor allem aber ist die automatisierte Bewerberdurchleuchtung in den USA sehr beliebt und nimmt rasant zu. Amerikanische Unternehmen investieren viel Arbeit und Geld in die Überprüfung von Bewerbern. Zwei Milliarden Dollar geben amerikanische Unternehmen pro Jahr aus, um das Leben der Bewerber

---

[39] Vgl. Dr. Datenschutz: Überwachung am Arbeitsplatz: Telefonnutzung vs. Datenschutz, auf datenschutzbeauftragter-info.de, 23.08.2016, 16.47 Uhr, https://www.datenschutzbeauftragter-info.de/ueberwachung-am-arbeitsplatz-telefonnutzung-vs-datenschutz/
[40] Vgl. Morgenroth Markus, Sie kennen dich! Sie haben dich! Sie steuern dich! Die wahre Macht der Datensammler, München 2014, S.99
[41] Vgl. Morgenroth Markus, Sie kennen dich! Sie haben dich! Sie steuern dich! Die wahre Macht der Datensammler, München 2014, S.108

von Anfang an unter die "Lupe" zu nehmen, um aus den zahlreichen Bewerbungen, den besten Arbeitnehmer zu finden und einzustellen.[42]
In den neunziger Jahren kontrollierten bereits 50% der Arbeitgeber ihre Bewerber. Nach dem Terroranschlag vom 11. September ist die Zahl nach Angaben des Human Ressource Management auf ca. 90% gestiegen.[43] Jedes Jahr wächst die Zahl der Unternehmen, die Bewerbungschecks durchführen möchten und investieren Millionen für externe Agenturen, die das Aussortieren der Bewerber systematisch vornehmen und gleichzeitig kontrollieren. Zahlreiche Programmierer, Psychologen, Neurowissenschaftler, Soziologen und Linguisten[44] sitzen vor dem Computer der Background Check Firmen und ermöglichen dieses Vorgehen.[45]
Sie erschaffen immer bessere Algorithmen, welche verschiedenen Informationen miteinander kombiniert und auswertet. Hierdurch können tausende Bewerbungen automatisch durchsucht, ausgewertet und sortiert werden. Die Unternehmer erhoffen sich durch diese Art der Durchleuchtung, Fehlentscheidungen bei der Suche nach neuen Mitarbeitern zu vermeiden. Die Arbeitgeber sind stets bemüht sich um ihr Personal zu kümmern und suchen sich die besten Bewerber aus. Denn ein falsch gewählter Arbeitnehmer hätte fatale Folgen für das Unternehmen. Die Zeit und die Kosten auf der Suche eines passenden Bewerbers wären umsonst gewesen. Und gerade diesen wirtschaftlichen Verlust können sich die meisten arbeitnehmersuchenden Unternehmen nicht leisten.
Aber auch in Deutschland nehmen die Background Checks immer mehr zu. Im Jahr 2009 wurde das Datenschutzgesetz erneuert, um so die Zulassung der Informationsbearbeitung von Bewerber zu ermöglichen.[46] Da die arbeits- und datenschutzrechtlichen Bestimmungen in Deutschland bislang beschränkt sind, führt es dazu, dass 13% der deutschen Unternehmen diese Methode der Personalauswahl anwenden oder zukünftig weiterhin verwenden wollen.[47]
Ein Beispiel für eine der Firmen ist das Unternehmen Riskworkers, die sich auf das Überprüfen der Bewerber spezialisiert hat. „Die eigenen Mitarbeiter sind das größte Kapital eines modernen Unternehmens. Daher kommt der Auswahl des eingestellten Personals eine besondere Bedeutung zu.“, schreibt sie auf ihrer Webseite. „Wir überprüfen für Sie

[42] Vgl. Morgenroth Markus, Sie kennen dich! Sie haben dich! Sie steuern dich! Die wahre Macht der Datensammler, München 2014, S.109
[43] Vgl. Morgenroth Markus, Sie kennen dich! Sie haben dich! Sie steuern dich! Die wahre Macht der Datensammler, München 2014, S.109
[44] Sprachwissenschaft
[45] Vgl. Morgenroth Markus, Sie kennen dich! Sie haben dich! Sie steuern dich! Die wahre Macht der Datensammler, München 2014, S.117
[46] Vgl. Morgenroth Markus, Sie kennen dich! Sie haben dich! Sie steuern dich! Die wahre Macht der Datensammler, München 2014, S.117
[47] Vgl. Wiki Moderator 2: Pre-Employment Check, auf sicherheitswiki.org, 05.07.2016, 20.13 Uhr, http://sicherheitswiki.org/wiki/Pre-Employment_Check

im Vorfeld durch einen eingehenden Background-Check, ob ihre Bewerber leistungswillig und vertrauenswürdig sind“[48], damit wirbt die Firma und findet große Zustimmung.
In der Vergangenheit lief der ganze Einstellungsprozess anders ab. Man bewarb sich mit einem Lebenslauf, Anschreiben und bisherigen Zeugnissen, welche ordentlich in einer Bewerbungsmappe per Post verschickt oder persönlich zum Unternehmen gebracht wurde, auf eine Stelle im Unternehmen mit der Hoffnung, von den zahlreichen Arbeitssuchenden zu einem Vorstellungsgespräch eingeladen zu werden. Das Anschreiben und die Zeugnisse, die über die Fähigkeiten eines Bewerbers bestimmten, verlieren langsam aber stetig an Wert. Denn heutzutage läuft es meistens per E-Mail oder Online-Bewerbungsverfahren ab. Ein Vorteil hierbei ist, dass Materialkosten wie Papier, Fotos und Bewerbungsmappen gespart werden. Der größte Vorteil einer Onlinebewerbung ist jedoch, dass der Verwaltungsabteilung viel Arbeit erspart wird und die Bewerberdaten können somit viel schneller sortiert und ausgewertet werden. Immer mehr Arbeitgeber befürchten, dass Bewerber ihre Lebensläufe verfälschen. Falsche Titel, vorgetäuschte Abschlüsse und Berufserfahrungen sind zum Alltag für Unternehmen geworden. “Die Spanne reiche von gestreckten oder bei Arbeitslosigkeit verkürzten Zeitspannen bis hin zu Urkundenfälschungen.“[49] Auf der anderen Seite entsteht für den Bewerber ein großer Nachteil. Es wird immer schwieriger, sich von der Konkurrenz abzuheben. Früher wurde die Bewerbungsmappe noch unterschiedlich gestaltet und designt, heute kann dies kaum noch umgesetzt werden.
Für Unternehmen können durch Fehlbesetzung von Angestellten enorme Schäden entstehen. So ist es nicht verwunderlich, dass Unternehmen möglichst schnell und viel über ihre Bewerber wissen wollen. Hierbei entsteht ein riesiges Interesse daran abseits der vorgezeigten Bewerbungsunterlagen die Person näher zu betrachten. Das Internet gibt heutzutage durch Sozial Networks eine unvorstellbare Menge an Informationen über jede einzelne Person, die solche Anwendungen nutzt, preis. Diese Art der Überprüfung ist jedoch nur erlaubt, wenn der Bewerber seine Zustimmung gegeben hat. Diese privaten Daten, die die Arbeitnehmer meistens vor dem Arbeitgeber geheim halten möchten, erhalten Firmen beispielsweise in den USA auf verschiedene Art und Weise. Jedoch verrät sich bereits der Bewerber selbst. Soziale Medien wie z. B. Facebook, Twitter und Co werden nach verwertbaren Informationen durchsucht und ausgewertet, um das künftige Verhalten der Bewerber voraussagen zu können.[50] Das Verfahren läuft

[48] Vgl. o.V.: Riskworkers, auf riskworkers.com, 05.07.2016, 21.09, http://riskworkers.com/de/
[49] Vgl. Morgenroth Markus, Sie kennen dich! Sie haben dich! Sie steuern dich! Die wahre Macht der Datensammler, München 2014, S.117 f.
[50] Vgl. CULBRICHT: Social Media & Arbeitnehmerdatenschutz – Richtlinien bei der Recherche nach Bewerbern und Mitarbeitern in Sozialen Netzwerken, auf rechtzweinull.de, 07.07.2016, 11.24 Uhr, http://www.rechtzweinull.de/archives/817-Social-Media-Arbeitnehmerdatenschutz-Richtlinien-bei-der-Recherche-nach-Bewerbern-und-Mitarbeitern-in-Sozialen-Netzwerken.html

wie folgt ab: Die Personalabteilung googelt den Namen des Bewerbers und findet beispielsweise sein Profil auf Facebook. Hierüber erfährt das Unternehmen, dass der Bewerber gerne auf Partys und Feiern geht. Dies kann z. B. über Fotos festgestellt werden. Meist reicht es schon, wenn die betroffene Person einfach unseriös wirkt. In Deutschland ist diese Überprüfung nach dem Arbeitsrecht jedoch verboten. Allerdings sind deutsche Unternehmen bei einer Absage nicht verpflichtet den Grund der Ablehnung zu nennen, so dass es für einen Bewerber fast unmöglich ist, zu beweisen, dass sie aufgrund der Sozialen-Network Informationen abgelehnt worden sind. Welche Auswirkungen hat die Überwachung auf die Mitarbeiter? Dieses Thema wird als nächstes behandelt.

2.3.2 Auswirkung der Arbeitnehmerüberwachung

Das ständige Überwachen der Mitarbeiter hat positive sowie negative Auswirkungen beider Interessen. Der Arbeitgeber verfolgt das Ziel der Kostenkontrolle und die Kontrolle der Arbeitsleistung seiner Mitarbeiter. Überwachungsmaßnahmen können hierbei sehr nützlich sein und sparen häufig viel Zeit. In manchen Situationen sind Überwachungsmaßnahmen sogar notwendig, um klare Richtlinien schaffen zu können. Sie sind vor allem dann nützlich, wenn Verdacht auf schwere Vergehen oder strafbare Handlungen besteht. In solchen Fällen, müssen die Mittel zur Überwachung eingesetzt werden, um Straftaten beweisen zu können. Die Mitarbeiter reagieren sehr unterschiedlich auf solche Überwachungsmaßnahmen, denn eine übermäßige Kontrolle der Arbeitnehmer kann negative Auswirkungen auf das Arbeitsverhalten haben. Sie führt oft mehr als "nur" zur Beeinträchtigung der Privatsphäre. Zwar bringt die Überwachung auch gute Seiten mit sich, wie beispielsweise eine höhere Motivation der Arbeitsleistung, die durch den Überwachungsdruck zunimmt. Jedoch entstehen immer mehr Risiken im Arbeitsklima. Denn die Angst den Anforderungen nicht mehr gerecht zu werden und dadurch gekündigt zu werden ist groß. Die Überwachungsmaßnahmen verursachen zugleich eine Arbeitsatmosphäre voller Misstrauen und untergraben das Vertrauen der Arbeitgeber. Der direkte Zugriff auf die Personaldaten und die elektronische Zeiterfassung der Arbeitnehmer führt zu Entscheidungen, die das Leben der Menschen beeinflussen. Durch die Überwachung fühlen sich die Mitarbeiter bespitzelt und dadurch auch gestresst. Dies kann früher oder später zu philologischen Problemen führen, was viele Arbeitgeber nicht wahrhaben möchten.

3. Datenschutz in der Arbeitswelt

3.1 Die Würde des Menschen ist unantastbar

„Die Würde des Menschen ist unantastbar", gemäß § 1 Abs. 1 GG, ist es ein verankertes Recht im Grundgesetz und soll die Würde, Privatsphäre und Handlungsfreiheit der Individuen gewährleisten. Sie zu achten und zu schützen ist Verpflichtung aller staatlichen Gewalt.[51] Dies gilt auch für die Arbeitswelt. Durch eine Überwachung am Arbeitsplatz, greift der Arbeitgeber in das Persönlichkeitsrecht des Arbeitnehmers ein. Die Pflicht des Staates ist es, jegliche tatsächlichen sowie rechtlichen Eingriffe gegen die Menschenwürde zu schützen.

Nach dem Motto "Vertrauen ist gut, Kontrolle ist besser", handeln viele Arbeitgeber. Durch die rasante Entwicklung der Kommunikations- und Informationstechnologien, wie beispielsweise das World Wide Web (Soziale Netzwerke, E-Mails, Handys mit GPS-Ortungsfunktion, immer kleiner werdende Videokameras etc.) vereinfachen es dem Arbeitgeber immer mehr Daten der Arbeitnehmer zu erfassen und anschließend auszuwerten. Die Relevanz des Datenschutzes steigt stetig an und gewinnt immer mehr an Bedeutung.

Die Rechte der Arbeitnehmer sind im Arbeitsverhältnis auf vielfältiger Art und Weise bedroht. Denn gerade im Laufe des Berufslebens, werden zahlreiche persönliche Daten an den Arbeitgeber abgegeben. Bereits in der Bewerbung, werden mit dem persönlichen Lebenslauf Angaben über Familienstand, bisherige Tätigkeiten, Fähigkeiten etc. preisgegeben. Zudem werden Daten über die An- bzw. Abwesenheit mittels Arbeitszeiterfassungssysteme wie z.B. Tor- und Taschenkontrolle und elektronische Zeiterfassung erhoben und in Arbeitszeitkonten erfasst. Zu überprüfen ist, wie weit die Angaben im Lebenslauf mit der Wirklichkeit übereinstimmen, denn die Beantwortung dieser Fragen ist von großer Bedeutung. Zu berücksichtigen ist jedoch, dass nicht jede Form der Hintergrundprüfung der Bewerber erlaubt ist. Es gibt datenschutzrechtliche Grenzen, die der Arbeitgeber nicht überschreiten darf. Gemäß § 32 Abs.1 BDSG ist die Überprüfung des Wahrheitsgehalts der Angaben der Bewerber und die Verarbeitung von Bewerberdaten als zulässig zu betrachten, soweit es für das Arbeitsverhältnis erforderlich ist.[52]

[51] Vgl. GG: Grundgesetz für die Bundesrepublik Deutschland Art 1, auf gesetze-im-internet.de, 26.08.2016, 10.29 Uhr, http://www.gesetze-im-internet.de/gg/art_1.html

[52] Vgl. BDSG: Bundesdatenschutzgesetz (BDSG) § 32 Datenerhebung, -verarbeitung und -nutzung für Zwecke des Beschäftigungsverhältnisses, auf gesetze-im-internet.de, 26.08.2016, 14.23 Uhr, http://www.gesetze-im-internet.de/bdsg_1990/__32.html

Unterschiedliche Kontrollbestimmungen sollen klären, welche Eingriffe des Arbeitgebers in das informationelle Selbstbestimmungsrecht und das Persönlichkeitsrecht des Arbeitnehmers zulässig sind. Der Arbeitnehmerschutz richtet sich nach den Vorgaben des Bundesschutzgesetzes.[53]

Dieses Gesetz gilt für die Erhebung, Verarbeitung und Nutzung personenbezogener Daten[54] durch öffentliche Stellen des Bundes, diese müssen so ausgeübt werden, dass der Einzelne in seinem Persönlichkeitsrecht nicht beeinträchtigt wird. So ist es bei der nächsten Überwachungsmöglichkeit nicht anders. Zeiterfassungssysteme bringen beiden Interessen große Vorteile. Beispielsweise sind (Über)-Stunden schneller dokumentiert und für beider Interessen transparent einsehbar, womit beide ihre Vorteile draus ziehen können. Hierbei ist jedoch ebenso eine gesetzliche Grenze einzuhalten. Sie dürfen das Persönlichkeitsrecht nicht gefährden, indem die Arbeitgeber z. B. die technischen Mittel zu privaten Zwecken nutzen. Gemäß BetrVG § 75 Abs.1 und 2 muss das Persönlichkeitsrecht aller Mitarbeiter gewahrt und geschützt werden.[55] Deshalb müssen, die im Rahmen der Zeiterfassung ermittelten personenbezogene Daten grundsätzlich nur zur Überprüfung und zur Auswertung herangezogen werden und nur so lange gespeichert werden, wie sie tatsächlich benötigt werden.

Nicht anders ist die Rechtslage der weiteren technischen Überwachungssysteme. Um Vermögensdelikte zu vermeiden, kontrollieren Arbeitgeber die Beschäftigten in jeder Hinsicht. So setzten immer mehr Unternehmen auf visueller Überwachung in Form von Kameras und lassen ihre Beschäftigte Videoüberwachen. Diese Kontrollart ist sehr umstritten, da sie massiv in das Persönlichkeitsrecht der Mitarbeiter eingreift. Unzulässig ist das heimliche Überwachen der beschäftigten Mitarbeiter, zur Überprüfung ihrer Arbeitsleistung. Die Videokameras müssen klar erkennbar sein. Der in der Verfassung stehende gewährleistete Schutzbereich des allgemeinen Persönlichkeitsrechts gemäß Artikel 2 Abs. 1 Grundgesetz stellt die Grenze der individuell rechtlichen Ebene dar. Deshalb darf eine heimliche Überwachung nur stattfinden, wenn ein konkreter Tatverdacht (z.B. Diebstahl) vorliegt und soweit andere mildere Maßnahmen einer Überwachung nicht zum Erfolg führten. Auch sichtbare Kameras sind nur zulässig, wenn sie die einzigen Mittel zur Mitarbeiterkontrolle darstellen. Beispielsweise sind Kaufhäuser oder Bankschaltern eines ständig bedrohenden Warenverlustes ausgesetzt und die einzige Möglichkeit die

[53] Vgl. Paschke Lea: Background-Checks im Bewerbungsverfahren, auf datenschutz-notizen.de, 23.08.2016, 23.45 Uhr, https://www.datenschutz-notizen.de/background-checks-im-bewerbungsverfahren-2811711/

[54] Gemäß § 3 Abs.1 BDSG, sind personenbezogene Daten „Einzelangaben über persönliche oder sachliche Verhältnisse einer bestimmten oder bestimmbaren natürlichen Person"

[55] Vgl. Betriebsverfassungsgesetz: Betriebsverfassungsgesetz § 75 Grundsätze für die Behandlung der Betriebsangehörigen, auf gesetze-im-internet.de, 22.08.2016, 17.00 Uhr, http://www.gesetze-im-internet.de/betrvg/__75.html

Täter zu überführen, ist der Einsatz von Videokameras. Vor allem bei Kameraüberwachung steht dem Betriebsrat, sofern das Unternehmen über einen verfügt, gemäß § 87 Abs.1 Nr.6 BetrVG ein Mitbestimmungsrecht zu.[56] Alle technischen und elektronischen Einrichtungen die zur Überwachung und Beobachtung der Beschäftigten eingesetzt werden benötigen die Zustimmung des Betriebsrats. Die Aufgabe des Betriebsrats ist die Interessen der Arbeitnehmer zu schützen und zu gewährleisten. Sind die zu schützenden Interessen bedroht, so hat der Betriebsrat das Recht gemäß § 80 Abs.1 Nr.1 BetrVG einzugreifen.[57]

Zur technischen Überwachung, welchen der Betriebsrat ebenfalls zustimmen muss, zählt die PC-Internetüberwachung am Arbeitsplatz. Das Spektrum reicht vom Protokollieren des Passwortschutzes am Arbeitsplatz, das Mitlesen von Internetnutzung und E-Mails bis hin zu der Messung der Tippgeschwindigkeit innerhalb der Arbeitszeiten. Problemlos kann dies durch kostengünstige Programme erfolgen.

Grundsätzlich soll festgehalten werden, dass Arbeitgeber ihre Mitarbeiter beobachten dürfen, jedoch nur unter konkreten Tatverdacht und um die Straftat beweisen zu können. Wer z. B. während der Arbeitszeit im Internet auf sozialen Netzwerken surft oder private E-Mail liest bzw. schreibt, verstößt gegen die Regeln. Wenn der Arbeitgeber beweisen kann, dass es keine andere Möglichkeit gibt, die er einsetzten kann um ein Betrug aufzudecken, so ist er berechtigt diese Art der Überwachung durchzuführen. Der Arbeitgeber darf keine privaten E-Mails lesen oder heimlich Telefonate abhören. Ebenso darf er keine Spionageprogramme einsetzen, die ziemlich alles protokollieren, was der unwissende Angestellte, während der Arbeitszeit tut.[58] Der Arbeitgeber würde sich selbst strafbar machen. Jedoch halten sich nicht viele daran und so muss der Arbeitnehmer immer mit der Angst arbeiten beobachtet zu werden.

3.2 Rechtliche Grundlagen der Arbeitnehmerüberwachung

Arbeitgeber dürfen gewisse Daten zur Person und zur Arbeitstätigkeit ihrer Arbeitnehmer, Bewerber, Praktikanten, Auszubildenden usw. in Personalakten sammeln, dürfen diese aber nicht an dritte weitergeben. Im allgemeinem ist immer von folgendem Grundsatz auszugehen: Personenbezogene Daten dürfen nur dann gesammelt und gespeichert werden, wenn die betroffene Person dem ausdrücklich zugestimmt hat

[56] Vgl. Ferner Jens: Videoüberwachung – Was ist erlaubt, auf ferner-alsdorf.de, 25.08.2016, 19.22 Uhr, http://www.ferner-alsdorf.de/rechtsanwalt/it-recht/datenschutzrecht/videoueberwachung-was-ist-erlaubt/16525/

[57] Vgl. ARBEITS-ABC: Betriebsrat – Aufgaben, Rechte und Pflichten, auf arbeits-abc.de, 25.08.2016, 19.40 Uhr, http://arbeits-abc.de/betriebsrat-aufgaben-und-rechte/

[58] Vgl. http://www.deutsche-anwaltshotline.de/recht/news/302057-die-totale-ueberwachung-am-arbeitsplatz--was-darf-der-chef (Stand: 11.06.2016, 16.17 Uhr)

oder ein Gesetz oder ein besonderer Umstand dies erlaubt. Ein besonderer Umstand ist z. B. ein Arbeitsverhältnis. Arbeitgeber dürfen demnach im Umfang des Beschäftigtenverhältnisses Daten sammeln und in der Personalakte vermerken. Ein Beispiel wäre hierfür etwa die Bankverbindung des Arbeitnehmers, welche für Gehaltszahlungen erforderlich ist. Ebenso dürfen der Werdegang und die Fähigkeiten des Mitarbeiters in der Personalakte gespeichert werden. Nicht zulässig ist es dagegen, das gesamte Verhalten des Beschäftigten am Arbeitsplatz zu protokollieren.[59] Dem Arbeitgeber ist es z.B. absolut untersagt festzuhalten, wann, wo und mit wem der Arbeitnehmer in die Tiefgarage des Unternehmens fährt. Ebenso ist es unzulässig nach privaten Dingen, wie politische Einstellung oder frühere Krankheiten zu fragen und diese abzuspeichern.

Die Personalakte wird in der heutigen Gesellschaft elektronisch geführt. Gängig ist es Bewerbungsunterlagen, Personalfragebogen, Nachweise über Vor-, Aus- und Fortbildung, Zeugnisse, Bescheinigungen, Arbeitsvertrag, Nebentätigkeiten, Abmahnungen etc. abzuspeichern. Diese sind rechtlich zulässig und der Arbeitnehmer hat jederzeit das Recht dazu, einen Blick auf seine eigene Akte zu werfen. Bei falschen oder zu Unrecht vermerkten Angaben, kann der Beschäftigte eine Korrektur verlangen.[60]

3.2.1 Rechtliche Grundlagen von Elektronischen Zeiterfassung und Zugangskontrollsystemen

Zeiterfassungssysteme, wie sie im Kapitel 2.2.1 beschrieben sind, dürfen nicht ohne weiteres installiert werden. Vorher muss die Einführung eines solchen Systems mit dem jeweiligem Betriebs- oder Personalrat besprochen werden. Gemäß § 87 Abs. 1 Nr. 6 BetrVG, besitzt der Betriebsrat ein Mitbestimmungsrecht bei der Einführung und Anwendung von technischen Einrichtungen, welche dazu bestimmt sind, das Verhalten oder die Leistung der Arbeitnehmer zu überwachen.[61]

Die Arbeitszeiterfassung ist in Deutschland nur bedingt gesetzlich geregelt. Laut § 16 Abs. 2 ArbZG ist der Arbeitgeber lediglich dazu verpflichtet, die über die werktägliche Arbeitszeit hinausgehenden Überstunden aufzuzeichnen und diese für zwei Jahre zu speichern.[62] Für den Arbeitnehmer ist es durch aus sinnvoll, auch außerhalb der Überstunden, die geleistete Arbeitszeiten zu protokollieren, denn im Streitfall ist der Beschäftigte für das Erbringen seiner Arbeitsleistung selbst zuständig. Eine Dauerüberwachung

---

[59] Vgl. Weitzmann John H.: Arbeitnehmerdatenschutz - Computer und Internet am Arbeitsplatz: Was darf der Chef wann kontrollieren?, auf irights.info, 22.06.2016, 14.35 Uhr, https://irights.info/artikel/computer-und-internet-am-arbeitsplatz-was-darf-der-chef-wann-kontrollieren-3/12889

[60] Vgl. https://irights.info/artikel/computer-und-internet-am-arbeitsplatz-was-darf-der-chef-wann-kontrollieren-3/12889 (Stand: 22.06.2016, 14.35 Uhr)

[61] Vgl. http://www.gesetze-im-internet.de/betrvg/__87.html (Stand: 26.08.2016, 10.42 Uhr)

[62] Vgl. Rammo Katrin: Regelung zur Zeiterfassung in der Betriebsvereinbarung, auf datenschutzbeauftragter-info.de, 25.08.2016, 15.57 Uhr, https://www.datenschutzbeauftragter-info.de/regelung-zur-zeiterfassung-der-betriebsvereinbarung/

des Arbeitnehmers ist nach der Rechtsprechung des Bundesarbeitsgerichts vom 26.08.2008, 1 ABR 16/07 unzulässig.[63] Somit ist es dem Arbeitgeber nicht erlaubt, den Aufenthaltsort der einzelnen Mitarbeiter ständig zu überwachen.[64]

3.2.2 Rechtliche Grundlagen der Videoüberwachung am Arbeitsplatz

Die Videoüberwachung am Arbeitsplatz stellt einen der erheblichsten Eingriffe in das Recht des Arbeitnehmers dar. Es existieren entsprechende Regelungen des Bundesarbeitsgerichts und des Bundesverfassungsgerichts, welche klare Richtlinien für die Videoüberwachung in öffentlichen und nichtöffentlichen Räumen vorgeben.[65] Jeder Mensch hat das grundgesetzlich geschützte Recht, selbst über das eigene Bild und dessen Verwendung zu bestimmen. Dem allgemeinen Persönlichkeitsrecht des Beschäftigten aus Art. 2 Abs. 1 GG[66] in Verbindung mit Art. 1 Abs. 1 GG[67] stehen im Rahmen der Videoüberwachung das Eigentumsrecht aus Art. 14 GG[68] und die Berufsausübungsfreiheit des Arbeitgebers aus Art. 12 GG[69] gegenüber.[70]

Ob eine Überwachung zulässig ist, richtet sich danach, wo, wann und wie innerhalb des Betriebes gefilmt wird. Eine offene Videoüberwachung in öffentlich zugänglichen Räumen, wie beispielsweise in einem Kaufhaus, wird wesentlich wahrscheinlicher zugelassen werden, als eine verdeckte, heimliche Aufnahme in nicht öffentlichen Räumen, wie beispielsweise einer Produktionshalle oder einer Lagerhalle.[71]

Das Bundesdatenschutzgesetzt regelt die Videoüberwachung. Im Sinne des § 6b BDSG[72] ist die Videoüberwachung bei öffentlich zugänglichen Flächen und Arbeitsplätzen nur erlaubt, soweit sie zur Aufgabenerfüllung öffentlicher Stellen, zur Wahrnehmung des Hausrechts oder zur Wahrnehmung berechtigter Interessen für konkret festgelegte Zwecke erforderlich ist und keine Anhaltspunkte bestehen, dass schutzwürdige Interessen der Betroffenen überwiegen.

---

[63] Vgl. Bundesarbeitsgericht: Bundesarbeitsgericht, auf lexetius.com, 26.08.2016, 10.30 Uhr, http://lexetius.com/2008,2340

[64] Vgl. Kirsch Marcus: Überwachung am Arbeitsplatz: Arbeitszeiterfassung vs. Datenschutz, auf datenschutzbeauftragter-info.de, 26.08.2016, 10.13 Uhr, https://www.datenschutzbeauftragter-info.de/ueberwachung-am-arbeitsplatz-arbeitszeiterfassung-vs-datenschutz/

[65] Vgl. https://www.datenschutzbeauftragter-info.de/fachbeitraege/arbeitnehmerdatenschutz/ (Stand: 25.08.2016, 15.44 Uhr)

[66] Vgl. GG: Grundgesetz für die Bundesrepublik Deutschland Art 2, auf gesetze-im-internet.de, 26.08.2016, 10.23 Uhr, http://www.gesetze-im-internet.de/gg/art_2.html

[67] Vgl. http://www.gesetze-im-internet.de/gg/art_1.html (Stand: 26.08.2016, 10.29 Uhr)

[68] Vgl. GG: Grundgesetz für die Bundesrepublik Deutschland Art 14, auf gesetze-im-internet.de, 26.08.2016, 10.38 Uhr, http://www.gesetze-im-internet.de/gg/art_14.html

[69] Vgl. GG: Grundgesetz für die Bundesrepublik Deutschland Art 12, auf gesetze-im-internet.de, 26.08.2016, 11.05 Uhr, http://www.gesetze-im-internet.de/gg/art_12.html

[70] Vgl. Dr. Datenschutz: Videoüberwachung und Datenschutz, auf datenschutzbeauftragter-info.de, 26.08.2016, 12.10 Uhr, https://www.datenschutzbeauftragter-info.de/fachbeitraege/videoueberwachung-und-datenschutz/

[71] Vgl. http://www.aufrecht.de/beitraege-unserer-anwaelte/arbeitsrecht/wann-ist-eine-videoueberwachung-von-arbeitnehmern-am-arbeitsplatz-erlaubt-und-wann-nicht.html (Stand: 30.08.2016, 16.24 Uhr)

[72] Vgl. BDSG: Bundesdatenschutzgesetz (BDSG) § 6b Beobachtung öffentlich zugänglicher Räume mit optisch-elektronischen Einrichtungen, auf gesetze-im-internet.de, 26.08.2016, 14.20 Uhr, http://www.gesetze-im-internet.de/bdsg_1990/__6b.html

Im § 32 BDSG sind die Datenerhebung, -verarbeitung und -nutzung für Zwecke des Beschäftigungsverhältnisses geregelt.[73] Der Abs. 1 gibt wieder, dass Personenbezogene Daten eines Beschäftigten nur für Zwecke des Beschäftigungsverhältnisses erhoben, verarbeitet oder genutzt werden dürfen, wenn diese dringend erforderlich sind. Konkret Bedeutet dies, dass bei einem Straftatverdacht die gesammelten Daten genutzt werden dürfen, um den Verantwortlichen aufzudecken. Nach der Zweckerreichung müssen die Daten gelöscht werden. Zur Beweisgewinnung dürfen die entsprechenden Videoaufnahmen aufgehoben werden, um sie bei Bedarf der Staatsanwaltschaft oder dem zuständigen Gericht vorlegen zu können.[74]

Die Einsatzbereiche von Videokameras sind begrenzt, so dürfen, wie in Kapitel 2.2.3 schon erläutert, keine Kameras in Sanitär-, Umkleide- und Schlafräume installiert werden, da der Schutz der Intimsphäre hier gegen jegliche Regeln überwiegt. Für jede eingesetzte Videokamera muss vorab der Verwendungszweck festgelegt und dokumentiert werden. Bei einer Kontrolle durch die Aufsichtsbehörde muss der Einsatz jeder installierten Kamera im Unternehmen nachvollziehbar sein. Der Einsatz von verdeckten Videokameras ist in wenigen Ausnahmefällen nach Entscheidung des Bundesarbeitsgerichtes vom 21.06.2012[75] am Arbeitsplatz zulässig. Generell ist aber zu beachten, dass die Anforderungen einer heimlichen Videoüberwachung sehr hoch sind. So muss z.B. ein konkreter Tatverdacht oder ein anderer schwerwiegender Verdacht vorliegen. Zudem müssen alle milderen Mittel zur Aufdeckung des Verdacht ausgeschöpft sein, so dass nur noch das Mittel der Videoüberwachung verbleibt.[76]

Gemäß § 6b Abs. 5 BDSG sind Videoaufnahmen unverzüglich zu löschen, wenn sie zur Erreichung des Zwecks nicht mehr erforderlich sind oder schutzwürdige Interessen der Betroffenen einer weiteren Speicherung entgegenstehen.[77] Eine festgelegte Frist hinsichtlich der Aufbewahrungsdauer existiert somit nicht. Nach Meinung der Aufsichtsbehörde, abgeleitet aus dem § 6b Abs. 5 BDSG, ergibt sich eine maximale Speicherdauer von 48 – 72 Stunden. In einem Verfahren vor dem OVG Lüneburg hat das Gericht eine 10-tätige Speicherung für zulässig erachtet, da die Datenspeicherung von höchstens 72 Stunden in der Praxis oft zu Schwierigkeiten führte. Ein Einbruch am Karfreitag würde beispielsweise aufgrund der Feiertage eventuell erst am Dienstag nach Ostern entdeckt

---

[73] Vgl. http://www.gesetze-im-internet.de/bdsg_1990/__32.html (Stand: 26.08.2016, 14.23 Uhr)

[74] Vgl. http://www.aufrecht.de/beitraege-unserer-anwaelte/arbeitsrecht/wann-ist-eine-videoueberwachung-von-arbeitnehmern-am-arbeitsplatz-erlaubt-und-wann-nicht.html (Stand: 30.08.2016, 16.24 Uhr)

[75] Vgl. Bundesarbeitsgericht: BUNDESARBEITSGERICHT Urteil vom 21.6.2012, 2 AZR 153/11, auf juris.bundesarbeitsgericht.de, 26.08.2016, 13.57 Uhr, http://juris.bundesarbeitsgericht.de/cgi-bin/rechtsprechung/document.py?Gericht=bag&Art=en&sid=bdd165334deac399467ef767272e4e03&nr=16157&pos=0&anz=6

[76] Vgl. https://www.datenschutzbeauftragter-info.de/fachbeitraege/videoueberwachung-und-datenschutz/ (Stand: 26.08.2016, 12.10 Uhr)

[77] Vgl. http://www.gesetze-im-internet.de/bdsg_1990/__6b.html (Stand: 26.08.2016, 14.20 Uhr)

und es wäre aufgrund einer automatischen Löschung nach 72 Stunden nicht mehr möglich, dieses Verbrechen aufzuklären.[78]

Auch im Einsatzbereich von Videokameras ist der Betriebsrat laut § 87 Abs. 1 Nr. 6 BetrVG[79] dazu in der Lage, bei der Einführung solcher technischen Einrichtungen mitzubestimmen.

3.2.3 Rechtliche Grundlagen der Computer- und E-Mailüberwachung

Die Möglichkeit den betrieblichen Internetanschluss privat zu nutzen, bringt sowohl für den Arbeitnehmer, als auch für den Arbeitgeber Vorteile mit sich. Dem Arbeitnehmer wird es ermöglicht, neben seinen betrieblichen Aufgaben, auch private Angelegenheiten von der Arbeitsstelle aus zu erledigen, was häufig die Zufriedenheit des Arbeitnehmers fördert. Zugleich können sonstige Arbeitsunterbrechungen, wie beispielsweise Behördengänge, vermieden werden, wenn eine elektronische Variante genutzt werden kann. Dies wiederum kommt dem Arbeitgeber zugute.[80] Allerdings kommen bei diesem Thema viele Fragen auf. Wo liegt die Grenze der privaten Nutzung? Und welche Risiken tun sich bei den Überwachungsmöglichkeiten für den Arbeitgeber auf? Nach Auffassung des Bundearbeitsgerichts, lautet der Grundsatz: Die private Internetnutzung am Arbeitsplatz ist verboten, sofern der Arbeitgeber dies nicht ausdrücklich erlaubt oder in einem gewissen Rahmen duldet. Gestattet der Arbeitgeber die Internetnutzung zu privaten Zwecken, kann er rechtlich gesehen zum Anbieter von Telekommunikationsdienstleistungen werden.[81] Im Sinne des § 3 Nr. 6 TKG[82], ist oder sind "Dienstanbieter" jeder, der ganz oder teilweise geschäftsmäßig Telekommunikationsdienste erbringt oder an der Erbringung solcher Dienste mitwirkt. Und gemäß § 3 Nr. 10 TKG[83], ist oder sind "geschäftsmäßiges Erbringen von Telekommunikationsdiensten" das nachhaltige Angebot von Telekommunikation für Dritte mit oder ohne Gewinnerzielungsabsicht. Wenn der Arbeitgeber zum Telekommunikations-Anbieter wird, unterliegt er automatisch dem Fernmeldegeheimnis gemäß § 88 TKG[84]. Das Fernmeldegeheimnis ist ein Verbot, des unbefugten Abhörens, Unterdrückens, Verwertens oder Entstellens, von Fernmeldebotschaften. Es schützt somit den Kommunikationsvorgang gegen unberechtigte Eingriffe und es wird verhindert,

[78] Vgl. Dr. Datenschutz: Speicherung von Videoaufzeichnungen für zehn Tage zulässig, auf datenschutzbeauftragter-info.de, 26.08.2016, 12.50 Uhr, https://www.datenschutzbeauftragter-info.de/speicherung-von-videoaufzeichnungen-fuer-zehn-tage-zulaessig/

[79] Vgl. http://www.gesetze-im-internet.de/betrvg/__87.html (Stand: 26.08.2016, 10.42 Uhr)

[80] Vgl. Kirsch Marcus: Überwachung am Arbeitsplatz: Internetnutzung vs. Datenschutz, auf datenschutzbeauftragter-info.de, 29.08.2016, 09.00 Uhr, https://www.datenschutzbeauftragter-info.de/ueberwachung-am-arbeitsplatz-internetnutzung-vs-datenschutz/

[81] Vgl. Hammann Dirk, Schmitz Karl, Apitzsch Wolfgang: Überwachung und Arbeitnehmerdatenschutz – Handlungshilfe für Betriebsräte, 2. Auflage, Frankfurt/Main 2014 S. 38 f.

[82] Vgl. TKG: Telekommunikationsgesetz (TKG) § 3 Begriffsbestimmungen, auf gesetzte-im-internet.de, 29.08.2016, 09.16 Uhr, http://www.gesetze-im-internet.de/tkg_2004/__3.html

[83] Vgl. http://www.gesetze-im-internet.de/tkg_2004/__3.html (Stand: 29.08.2016, 09.16 Uhr)

[84] Vgl. TKG: Telekommunikationsgesetz (TKG) § 88 Fernmeldegeheimnis, auf gesetze-im-internet.de, 29.08.2016, 09.35 Uhr, http://www.gesetze-im-internet.de/tkg_2004/__88.html

dass nicht für die Öffentlichkeit bestimmte Nachrichten ausgetauscht werden.[85] Wie in § 206 StGB[86] geregelt, ist die Verletzung des Fernmeldegeheimnisses strafbar und wird mit einer Freiheitsstrafe von bis zu fünf Jahren oder mit einer Geldstrafe von bis zu 300.000 Euro[87] gehandhabt.

Eine permanente Überwachung ist in jeden Fall ausgeschlossen, egal ob der Arbeitgeber eine private Internetnutzung erlaubt oder verboten hat. Es dürfen keine umfassenden Protokollierungen stattfinden. Hingegen sind strichprobenartige Kontrollen erlaubt.[88]

Datenschutzrechtlich ist der Umgang mit E-Mails am Arbeitsplatz mit äußerster Vorsicht zu handhaben. Gemäß der Rechtsprechung von Bundesverfassungsgericht und Bundesarbeitsgericht ist das heimliche Abhören dienstlicher Telefongespräche nicht gestattet.[89] Diese Urteile sind auf die Überwachung von E-Mails übertragbar. Die E-Mail-Kommunikation ist durch das Fernmeldegeheimnis nach Art. 10 Abs. 1 GG geschützt.[90] Das Unternehmen erwartet zu Recht, dass wichtige dienstliche Informationen, welche über den E-Mail-Verkehrt abgewickelt worden sind, an die nächst höhere Abteilung weitergeleitet werden. Allerdings ist die private, sowie auch die dienstliche Kommunikation in Deutschland grundrechtlich geschützt. Deshalb ist es ratsam, eine entsprechende Betriebsvereinbarung klarzustellen. In diesem sollte geregelt sein, dass die Arbeitnehmer die Pflicht haben, den Arbeitgeber über die dienstlichen Inhalte der E-Mails zu informieren. Dabei ist zu beachten, dass der Zugriff auf den Inhalt der

E-Mails nur dem Absender und Empfänger vorbehalten ist. Hierbei sollte ebenfalls genauer auf die Überwachung, seitens des Arbeitgeber, eingegangen werden.[91] In Fällen einer Abwesenheit, beispielsweise bei Krankheit, Geschäftsreise, Urlaub etc., muss innerhalb des Unternehmens geregelt sein, wer einen Zugriff auf das E-Mail-Postfach des Abwesenden besitzt. Im Vorwege sollte abgewogen werden, ob eine Einsichtnahme tatsächlich unvermeidlich ist. Damit in solchen Fällen keine Probleme auftreten, ist es vom Vorteil, für jeden Beschäftigten eine Person seines Vertrauens zu benennen, damit in Fall einer unvorhergesehenen Abwesenheit der Zugriff auf die E-Mail-Konten frei geschaltet werden kann.

---

[85] Vgl. o.V.: Rechtswörterbuch, auf anwalt24.de, 29.08.2016, 09.42 Uhr, http://www.anwalt24.de/rund-ums-recht/Fernmeldegeheimnis-d164211.html

[86] Vgl. StGB: Strafgesetzbuch (StGB) § 206 Verletzung des Post- oder Fernmeldegeheimnisses, auf gesetzte-im-internet.de, 29.08.2016, 10.10 Uhr, http://www.gesetze-im-internet.de/stgb/__206.html

[87] Vgl. TKG: Telekommunikationsgesetz (TKG) § 149 Bußgeldvorschriften, auf gesetzte-im-internet.de, 29.08.2016, 10.14 Uhr, http://www.gesetze-im-internet.de/tkg_2004/__149.html

[88] Vgl. https://www.datenschutzbeauftragter-info.de/ueberwachung-am-arbeitsplatz-internetnutzung-vs-datenschutz/ (Stand: 29.08.2016, 09.00 Uhr)

[89] Vgl. Hammann Dirk, Schmitz Karl, Apitzsch Wolfgang: Überwachung und Arbeitnehmerdatenschutz – Handlungshilfe für Betriebsräte, 2. Auflage, Frankfurt/Main 2014 S. 44

[90] Vgl. GG: Grundgesetz für die Bundesrepublik Deutschland Art 10, auf gesetze-im-internet.de, 29.08.2016, 11.50 Uhr, http://www.gesetze-im-internet.de/gg/art_10.html

[91] Vgl. Hammann Dirk, Schmitz Karl, Apitzsch Wolfgang: Überwachung und Arbeitnehmerdatenschutz – Handlungshilfe für Betriebsräte, 2. Auflage, Frankfurt/Main 2014 S. 44

3.2.4 Rechtliche Grundlagen der Telefonüberwachung

Ob und wie der Arbeitgeber den betrieblichen Telefonverkehr überwachen darf hängt davon ab, ob er die Telefonanlage zur privaten Nutzung freigibt oder ob er ausschließlich dienstliche Telefonate zulässt. Des Weiteren ist zwischen der Kontrolle von Verbindungsdaten und einer Kontrolle des Kommunikationsinhalts zu unterscheiden.[92] Verbindungsdaten bzw. Nutzungsdaten sind das Erfassen von Datum, Uhrzeit und Dauer eines Gesprächs.[93]

Bei der Datenerfassung verfolgt der Arbeitgeber, wie in Kapitel 2.2.5 schon genauer erläutert, zwei Interessen. Zum einen dient die Erfassung zur Kontrolle des Arbeitsverhaltens und zum anderen der Kostenkontrolle. Beschränkt sich der Arbeitgeber auf die Nutzung der Telefonanlage auf rein geschäftliche Zwecke, so darf er die Verbindungsdaten stichprobenartig festhalten und deren zeitnahe Auswertung vornehmen. Der Arbeitgeber darf also die Daten auswerten, um beispielsweise Kosten und die Einhaltung der ordnungsgemäßen Nutzung zu kontrollieren. Eine darüberhinausgehende Kontrolle ist unzulässig, denn ein unbefugtes Mithören kann Strafrechtlich gehandhabt werden.[94]

Gibt der Arbeitgeber hingegen die betriebliche Telefonanlage zur Privatnutzung frei, so nimmt er gegenüber dem Arbeitnehmer die Stellung des Telekommunikationsdienstanbieters ein, wie dies schon im vorherigen Kapitel genauer erläutert wurde. Für den Arbeitgeber entfällt somit aus Datenschutzgründen, auch die Kontrolle der Verbindungsdaten dienstlicher Gespräche, da er im Vorfeld nicht wissen kann, ob es sich um ein dienstliches oder privates Telefonat handelt. Wie es bei fast allen Überwachungsarten der Fall ist, kann auch hier eine Aufnahme gemacht werden, z. B. wenn der Verdacht einer Straftat oder einer schweren Vertragsverletzung im Raum steht.[95]

Nach der Entscheidung des Bundesverfassungsgerichts vom 09.10.2002[96], sind geschäftlich geführte Telefonate nicht von vornherein aus dem Schutz durch das allgemeine Persönlichkeitsrecht ausgenommen. Auch in einem dienstlichen Gespräch werden demnach mitunter vertrauliche Informationen ausgetauscht, welche den Arbeitgeber nichts angehen. Der bloße Verweis auf eine Mithörmöglichkeit reicht nicht aus, dies gilt auch, soweit in einem Geschäftsbereich das Mithören üblich ist.[97] Der Arbeitgeber darf

---

[92] Vgl. Flug Florian: Private Nutzung der Telefonanlage, auf boehmanwaltskanzlei.de, 24.08.2016, 14.24 Uhr, https://boehmanwaltskanzlei.de/kompetenzen/urheberrecht-medienrecht/datenschutzrecht/mehr-datenschutz-recht/3077-telefonueberwachung-am-arbeitsplatz

[93] Vgl. Wolff Verena: E-Mail- und Telefonüberwachung, auf sueddeutsche.de, 24.08.2016, 14.55 Uhr, http://www.sueddeutsche.de/karriere/datenschutz-am-arbeitsplatz-was-der-chef-ausspionieren-darf-1.1330133-2

[94] Vgl. https://boehmanwaltskanzlei.de/kompetenzen/urheberrecht-medienrecht/datenschutzrecht/mehr-datenschutz-recht/3077-telefonueberwachung-am-arbeitsplatz (Stand: 24.08.2016, 14.24 Uhr)

[95] Vgl. https://boehmanwaltskanzlei.de/kompetenzen/urheberrecht-medienrecht/datenschutzrecht/mehr-datenschutz-recht/3077-telefonueberwachung-am-arbeitsplatz (Stand: 24.08.2016, 14.24 Uhr)

[96] Vgl. Bundesverfassungsgericht: Leitsätze zum Beschluss des Ersten Senats vom 9. Oktober 2002 - 1 BvR 1611/96 - 1 BvR 805/98, auf bundesverfassungsgericht.de, 24.08.2016, 16.34 Uhr, http://www.bundesverfassungsgericht.de/entscheidungen/rs20021009_1bvr161196.html

[97] Vgl. http://www.akademie.de/wissen/telefon-videoueberwachung (Stand: 24.08.2016, 15.21 Uhr)

nach Beschluss des Bundesarbeitsgerichts vom 30.08.1995 auch bei Telefongesprächen von Arbeitnehmern mit Kunden mithören, wenn dies zu Ausbildungszwecken dient.[98]

Wenn der Arbeitgeber ein Gespräch unzulässiger Weise heimlich mithört bzw. aufzeichnet, kann von dem betreffenden Mitarbeiter gemäß § 201 Abs. 1 und 2 StGB[99] angezeigt werden. Laut Gesetz, muss der Arbeitgeber mit einer Freiheitsstrafe bis zu drei Jahren oder mit einer Geldstrafe rechnen, wenn er unbefugt das nicht zu seiner Kenntnis bestimmte Wort eines anderen auf einem Tonträger aufnimmt oder es mit Abhörgerät abhört. Ebenso kann der Arbeitnehmer Schadensersatzansprüche nach § 823 BGB geltend machen.[100]

4. Bearbeitung der Fallstudie zum Thema Überwachung am Arbeitsplatz

4.1 Die Bewertung der Vorgehensweise von Blackburn Rovers

Die Vorgehensweise von Blackburn Rovers Football Club ist gespalten zu betrachten. Auf der einen Seite, ist die Entscheidung für eine Installation von einer Software, namens Spector 360, zur Überwachung der Mitarbeiter für den Arbeitgeber von großer Bedeutung, jedoch trifft man bei den Mitarbeitern verständlicherweise nicht immer auf Zuspruch.

Nachdem der Versuch einer Nutzungsrichtlinie im Club durchzusetzen kläglich gescheitert ist, musste eine andere bewährte Methode her, um Mitarbeiter mit Hilfe von moderner Technologie kontrollieren zu können. Der Club entschied sich für eine Installation einer Software, namens Spector 360, um die Produktivität am Arbeitsplatz wiederherzustellen. Die Software verspricht unternehmensweit die PC- und Internetnutzung der Angestellten zu überwachen. Mit Erfolg, denn laut Ben Hayler, dem leitenden Systemadministrator bei Blackburn, hat Spector 360 die Ordnung wiederhergestellt und die Aktivitäten in nicht firmenbezogenen Apps reduziert.

---

[98] Vgl. Bundesarbeitsgericht: Pressemitteilung des Bundesarbeitsgerichts Nr. 40/95 vom 30.8.1995, auf jura.uni-sb.de, 24.08.2016, 16.45 Uhr,
http://www.jura.uni-sb.de/Entscheidungen/Bundesgerichte/phone.html

[99] Vgl. StGB: Strafgesetzbuch (StGB) § 201 Verletzung der Vertraulichkeit des Wortes, auf gesetze-im-internet.de, 24.08.2016, 17.00 Uhr,
http://www.gesetze-im-internet.de/stgb/__201.html

[100] Vgl. https://www.gesetze-im-internet.de/bundesrecht/bgb/gesamt.pdf (Stand: 08.06.2016, 14.00 Uhr)

Durch die Internetüberwachung konnte die Arbeitsgeschwindigkeit und Produktivität erheblich gesteigert werden. Nicht nur die Arbeitgeber, auch die Mitarbeiter profitieren von der Software. Die Überwachung der Mitarbeiter verhindert Sicherheitsverstöße, analysiert sie und kann zu Mitarbeiterschulungen genutzt werden. Ebenso reduziert es Probleme, die aufgrund von Fehlverhalten der Mitarbeiter verbunden werden. Bei Diebstahl und Vertragsbruch, gibt es immer die Beweise der Überwachung.

Natürlich bringt die Beobachtung und das Kontrollieren nicht nur Vorteile mit sich. So fühlen sich Mitarbeiter oft bespitzelt und werden dadurch unter hohen Stress gesetzt. Die ständige Angst den Anforderungen nicht mehr zu genügen und permanent beobachtet zu werden, ist zum Alltag der Mitarbeiter geworden. Trotz aller dem ist die Sicherheit der Mitarbeiter durch das System Spector 360 gewährleistet. Das Programm kann Berichte erstellen, die die übermäßige Nutzung nicht betrieblicher Inhalte beweisen. Liegt dies vor, finde ich die Vorgehensweise von Blackburn Rovers gegenüber seinen Mitarbeitern genau richtig. In diesem Fall hat die Spector 360 Software den Manager verraten, dass die Mitarbeiter in unverhältnismäßigen Maße Facebook und andere soziale Netzwerke genutzt haben. Ebenso konnte aufgedeckt werden, dass viele Beschäftigte die Arbeitszeit zum Shoppen nutzen, indem sie Shopping-Webseiten wie Otto, Zalando, Amazon usw. besuchten.

Zusammenfassend ist eine solche Überwachung nur in Ausnahmefällen erlaubt, beispielsweise dann, wenn der Arbeitgeber einen gerechtfertigten Verdacht auf eine Straftat hegt. Verdachtsmomente können dabei z. B. sein: Diebstahl, Unterschlagung, übertriebene Internetnutzung für private Zwecke oder Körperverletzung im Betrieb.

Aber auch dann darf der Arbeitgeber die Persönlichkeitsrechte der Mitarbeiter nicht verletzten und sollte offene Überwachung durchführen, und nicht heimlich. Ohne weiteres zulässig sind ebenso Überwachungs- und Kontrollmaßnahmen zum Schutz vor erheblichen Kosten oder einer Überlastung der Datennetze, beispielsweise durch Downloads von großen Datenmengen, wie es auch bei dem Blackburn Rovers Club der Fall war. Im Endeffekt bin ich der Meinung, dass man es gar nicht erst soweit kommen lässt, dass solch eine umfangreiche Überwachungssoftware installiert werden muss. Denn wenn man von vorneherein eine klare Regelung im Arbeitsvertrag festlegt und gelegentlich Stichprobenartig vereinzelten Mitarbeitern "über die Schulter schaut", dürften solche Probleme nicht lange Thema innerhalb des Unternehmens sein. Viele Mitarbeiter fühlen sich meines Erachtens nach wesentlich wohler, wenn der Arbeitgeber im gewissen Rahmen die Internetnutzung für private Zwecke genehmigt. Dadurch ist der Arbeitnehmer nicht so vielen Verboten ausgesetzt und nutzt lasche Kontrollen nicht zu jeder Gelegenheit aus. Natürlich sollten Unternehmen einige Kontrollen einrichten, es muss halt alles im einem Rahmen bleiben, in dem sich sowohl der Arbeitnehmer, als auch der Arbeitgeber wohlfühlt.

4.2 Fallbeispiel – Wer ist für diese Unvorsichtigkeit verantwortlich?

In erster Linie ist mein Sohn schuld, da er unangebrachte Bilder aus dem Internet herunterlädt und diese im Nachhinein auch noch weiterverkauft. Solch ein Fehlverhalten kann natürlich auch seitens der Erziehung von den Eltern entstanden sein. Auf der anderen Seite wurde Zuhause extra ein spezielles Kinderschutzprogramm installiert, welches den Zugriff auf Webseiten mit gewaltsamen, pornografischen oder rassistischen Inhalten versperrt. Da die Fußball-Akademie über einen Computer mit Internetanschluss verfügt, sollten dort auch gewisse Vorsichtsmaßnahmen herrschen, sei es ein Antivirussystem, eine Kinderschutzsoftware oder ähnliches, welches zum Schutz des Nutzers und Computers dienen soll. Ebenso wundert es mich, dass die Fußball-Akademie es den 14-jährigen Kindern erlaubt, ihre Freizeit am PC zu verbringen. Diese Thematik würde im Rahmen der Fallstudie und der Hausarbeit allerdings zu umfangreich sein, weswegen auf diesen Gedankengang nicht weiter eingegangen wird.

Im Grunde bin ich geteilter Meinung. So wie es am Arbeitsplatz zahlreiche Kontroll- und Überwachungssysteme gibt, sollte es diese auch in Feriencamps, Schulen, Internetcafés und allen anderen öffentlichen Plätzen geben, damit solche teilweise verbotenen Webseiten erst gar nicht aufgerufen werden können. Häufig befinden sich auf solchen Webseiten viele schädliche Viren, welche schnell einen Computer befallen und sämtliche Daten kopieren, beschädigen oder gänzlich löschen können. Deshalb sollte ein ausreichender Schutz vorhanden sein. Ich würde der Fußball-Akademie empfehlen in Zukunft eine legale Kinderschutzsoftware, sowie ein Antivirensystem auf jedem bereitstehenden Computer zu installieren, damit solche Vorfälle erst gar nicht mehr zustande kommen können.

5. Schlussbetrachtung

5.1 Fazit

Zusammenfassend ist festzuhalten, dass alle Überwachungsarten in einem gewissen Rahmen geduldet werden, diese aber nicht in einem unverhältnismäßigen Maße ausgenutzt werden dürfen. Zusätzlich ist zu erwähnen, dass grundsätzlich zwischen der Art der Kontrolle und dem damit verfolgten Zweck des Arbeitgebers differenziert wird. Im Endeffekt sollte der Arbeitgeber beachten, dass er jeden seiner Mitarbeiter gleichbehandelt. Wenn Beschäftigte beispielsweise von der Nutzung des Internets für private Zwecke ausgeschlossen werden, kann dies zu erheblichen Schäden des Betriebsklimas führen. Üben zwei Beschäftigte im Unternehmen dieselbe Tätigkeit aus, so muss beiden der Internetzugang gewährt werden oder keinen von beidem.[101]

Damit die Angestellten wissen, was während der Arbeitszeit erlaubt ist und was nicht, sollten die Rechten und Pflichten explizit in einem Arbeitsvertrag, einer Betriebsvereinbarung oder Dienstvereinbarung schriftlich festgehalten werden. Verstößt der Arbeitnehmer gegen die vertraglich festgelegten Regeln, kann der Chef eine Abmahnung oder bei schlimmeren Vergehen, eine Kündigung rechtens machen.[102]

Vielen Unternehmen ist die Mitarbeiterproduktivität sehr wichtig und dass Unternehmen welches über mehr verlässliche Daten als die Konkurrenz verfügt, wird einen gewünschten Ablauf eher erreichen und sich dadurch Vorteile im Wettbewerb verschaffen können. Durch zu hohe Überwachungsmaßnahmen wir allerdings das Gegenteil erreicht. Denn die Mitarbeiter empfinden das Verfolgen und Kontrollieren jeder ihrer Bewegungen als Störfaktor, welcher einen fehlerfreien und standarisierten Ablauf bedroht. Denn durch Überwachungen und Steuerungen werden die Mitarbeiter dazu gebracht, sich ausschließlich normgemäß zu verhalten, wodurch das Menschenbild der jeweiligen Person völlig verfälscht und somit unbrauchbar gemacht wird. Wenn die Überwachungsmaßnahmen allerdings zu lasch sind, nutzen die meisten Mitarbeiter diese Gelegenheit regelrecht aus, wie es in der Fallstudie „Überwachung am Arbeitsplatz" der Fall war. Es sollte also versucht werden, ein ausgeglichenes Verhältnis zwischen beiden Interessen hergestellt zu werden, um ein gutes Arbeitsklima aufrecht zu erhalten.

Mit der zunehmenden Technisierung steigt auch die Überwachungsintensität. Im Allgemeinen wird die Arbeitnehmerüberwachung durch technische Apparaturen als wesentlich gravierender und bedrohlicher empfunden. Je intensiver in einem Betrieb mit technischen Verfahren überwacht wird, desto eher hat jeder einzelne Arbeitnehmer das Gefühl, dass man ihm misstraut. Es ist somit sinnvoll, vor dem Einführen neuer Überwachungs- und Kontrollarten, mit den Mitarbeitern zu kommunizieren und sie freundlichen von der Wichtigkeit des Anliegens aufzuklären, als direkt und ohne Ankündigung eine neue Kontrollmaßnahme hinzuzuziehen.[103]

---

[101] Vgl. Hammann Dirk, Schmitz Karl, Apitzsch Wolfgang: Überwachung und Arbeitnehmerdatenschutz – Handlungshilfe für Betriebsräte, 2. Auflage, Frankfurt/Main 2014 S. 40

[102] Vgl. https://www.anwalt.de/rechtstipps/ueberwachung-am-arbeitsplatz-was-ist-erlaubt_050997.html (Stand: 11.06.2016, 17.45 Uhr)

[103] Vgl. http://www.aufrecht.de/beitraege-unserer-anwaelte/arbeitsrecht/wann-ist-eine-videoueberwachung-von-arbeitnehmern-am-arbeitsplatz-erlaubt-und-wann-nicht.html (Stand: 30.08.2016, 16.24 Uhr)

5.2 Ausblick

Da durch häufige Fehleinschätzungen über die Rechtslage erhebliche Kosten und andere Konsequenzen entstehen können, ist beiden Seiten zu raten, sich vor Beginn des Arbeitsverhältnisses, genau über jegliche Kontrollarten innerhalb des Unternehmens auszutauschen und sich im Vorfeld darüber zu informieren, ob die Überwachungsmaßnahmen zulässig sind oder nicht. Der Arbeitnehmer kann sich ersten Rat beim Betriebs- oder Personalrat einholen. Ein Arbeitgeber sollte sich von einem fachkundigen Rechtsanwalt beraten lassen.[104]

In Zukunft werden die Kontrollarten immer weiterentwickelt werden und zahlreicher in Erscheinung treten. Allerdings bleibt es weiterhin problematisch, jeden Mitarbeiter genau unter die Lupe zu nehmen, denn es wird immer der Fall sein, dass doch das ein oder andere Betriebsgeheimnis an dritte weitergeleitet wird.

Aus Sicht des Arbeitnehmers und Bewerbers wird es immer schwieriger werden, sich gegen jegliche Kontrollarten zu wehren und es wird kaum noch die Möglichkeit bestehen, sich diesen zu entziehen. Und so muss der Arbeitnehmer weiterhin verstärkt mit der Angst arbeiten, auf Schritt und Tritt beobachtet zu werden.

Abschließend wird die Relevanz des Datenschutzes immer mehr an Bedeutung gewinnen, deshalb ist es Pflicht des Staates, die Gesetzte weiter auszubauen. Zurzeit liegen noch zu viele Lücken in den Gesetztestexten vor und es sind noch lange nicht alle Problembereiche behandelt worden.

[104] Vgl. http://www.aufrecht.de/beitraege-unserer-anwaelte/arbeitsrecht/wann-ist-eine-videoueberwachung-von-arbeitnehmern-am-arbeitsplatz-erlaubt-und-wann-nicht.html (Stand: 30.08.2016, 16.24 Uhr)

6. Quellen und Literaturverzeichnis

Biegel Andreas: Überwachung von Arbeitnehmern durch technische Einrichtungen, 1. Auflage, Hamburg 2000

Aust Stefan, Ammann Thomas: Digitale Diktatur Totalüberwachung, Datenmissbrauch, Cyberkrieg, Berlin 2014

Becker Matthias: Datenschatten: auf dem Weg in die Überwachungsgesellschaft?, 1. Auflage, Hannover 2010

Gaycken Sandro: Jenseits von 1984 Datenschutz und Überwachung in der fortgeschrittenen Informationsgesellschaft; eine Versachlichung, Bielefeld 2013

Hammann Dirk, Schmitz Karl, Apitzsch Wolfgang: Überwachung und Arbeitnehmerdatenschutz – Handlungshilfe für Betriebsräte, 2. Auflage, Frankfurt/Main 2014

Bo Hanus: Drahtlos überwachen mit Mini-Videokameras: Eigenschaften, Anwendung und Installation von Mini-Videokameras zur Objektüberwachung, Poing 2000

Morgenroth Markus: Sie kennen dich! Sie haben dich! Sie steuern dich! Die wahre Macht der Datensammler, München 2014

Schartner Götz: Vorsicht, Freund liest mit! Wie wir alle seit Jahren ausspioniert werden und wie wir uns wehren können, Kulmbach 2014

Schlieter Kai: Die Herrschaftsformel wie künstliche Intelligenz uns berechnet, steuert und unser Leben verändert, Frankfurt/Main 2015

Schulzki-Haddouti Christiane: Im Netz der inneren Sicherheit: die neuen Methoden der Überwachung, Hamburg 2004

Renners Stephan: Private Investigation und Arbeitsrecht, Band 93, Hamburg 2007

Primärquellen

BDSG: Bundesdatenschutzgesetz (BDSG) § 6b Beobachtung öffentlich zugänglicher Räume mit optisch-elektronischen Einrichtungen, auf gesetze-im-internet.de, 26.08.2016, 14.20 Uhr,
http://www.gesetze-im-internet.de/bdsg_1990/__6b.html

BDSG: Bundesdatenschutzgesetz (BDSG) § 32 Datenerhebung, -verarbeitung und -nutzung für Zwecke des Beschäftigungsverhältnisses, auf gesetze-im-internet.de, 26.08.2016, 14.23 Uhr,
http://www.gesetze-im-internet.de/bdsg_1990/__32.html

Betriebsverfassungsgesetz: Betriebsverfassungsgesetz § 75 Grundsätze für die Behandlung der Betriebsangehörigen, auf gesetze-im-internet.de, 22.08.2016, 17.00 Uhr,
http://www.gesetze-im-internet.de/betrvg/__75.html

Betriebsverfassungsgesetz: Betriebsverfassungsgesetz § 87 Mitbestimmungsrechte, auf gesetze-im-internet.de, 26.08.2016, 10.42 Uhr,
http://www.gesetze-im-internet.de/betrvg/__87.html

BGB: Bürgerliches Gesetzbuch (BGB), auf gesetze-im-internet.de, 08.06.2016, 14.00 Uhr,
https://www.gesetze-im-internet.de/bundesrecht/bgb/gesamt.pdf

Bundesarbeitsgericht: Bundesarbeitsgericht, auf lexetius.com, 26.08.2016, 10.30 Uhr,
http://lexetius.com/2008,2340

Bundesarbeitsgericht: BUNDESARBEITSGERICHT Urteil vom 21.6.2012, 2 AZR 153/11, auf juris.bundesarbeitsgericht.de, 26.08.2016, 13.57 Uhr,
http://juris.bundesarbeitsgericht.de/cgi-bin/rechtsprechung/document.py?Gericht=bag&Art=en&sid=bdd165334deac399467ef767272e4e03&nr=16157&pos=0&anz=6

Bundesarbeitsgericht: Pressemitteilung des Bundesarbeitsgerichts Nr. 40/95 vom 30.8.1995, auf jura.uni-sb.de, 24.08.2016, 16.45 Uhr,
http://www.jura.uni-sb.de/Entscheidungen/Bundesgerichte/phone.html

Bundesverfassungsgericht: Leitsätze zum Beschluss des Ersten Senats vom 9. Oktober 2002 - 1 BvR 1611/96 - 1 BvR 805/98, auf bundesverfassungsgericht.de, 24.08.2016, 16.34 Uhr, http://www.bundesverfassungsgericht.de/entscheidungen/rs20021009_1bvr161196.html

GG: Grundgesetz für die Bundesrepublik Deutschland Art 1, auf gesetze-im-internet.de, 26.08.2016, 10.29 Uhr, http://www.gesetze-im-internet.de/gg/art_1.html

GG: Grundgesetz für die Bundesrepublik Deutschland Art 2, auf gesetze-im-internet.de, 26.08.2016, 10.23 Uhr, http://www.gesetze-im-internet.de/gg/art_2.html

GG: Grundgesetz für die Bundesrepublik Deutschland Art 10, auf gesetze-im-internet.de, 29.08.2016, 11.50 Uhr, http://www.gesetze-im-internet.de/gg/art_10.html

GG: Grundgesetz für die Bundesrepublik Deutschland Art 12, auf gesetze-im-internet.de, 26.08.2016, 11.05 Uhr, http://www.gesetze-im-internet.de/gg/art_12.html

GG: Grundgesetz für die Bundesrepublik Deutschland Art 14, auf gesetze-im-internet.de, 26.08.2016, 10.38 Uhr, http://www.gesetze-im-internet.de/gg/art_14.html

StGB: Strafgesetzbuch (StGB) § 201 Verletzung der Vertraulichkeit des Wortes, auf gesetze-im-internet.de, 24.08.2016, 17.00 Uhr, http://www.gesetze-im-internet.de/stgb/__201.html

StGB: Strafgesetzbuch (StGB) § 206 Verletzung des Post- oder Fernmeldegeheimnisses, auf gesetzte-im-internet.de, 29.08.2016, 10.10 Uhr, http://www.gesetze-im-internet.de/stgb/__206.html

TKG: Telekommunikationsgesetz (TKG) § 3 Begriffsbestimmungen, auf gesetzte-im-internet.de, 29.08.2016, 09.16 Uhr, http://www.gesetze-im-internet.de/tkg_2004/__3.html

TKG: Telekommunikationsgesetz (TKG) § 88 Fernmeldegeheimnis, auf gesetze-im-internet.de, 29.08.2016, 09.35 Uhr, http://www.gesetze-im-internet.de/tkg_2004/__88.html

TKG: Telekommunikationsgesetz (TKG) § 149 Bußgeldvorschriften, auf gesetzte-im-internet.de, 29.08.2016, 10.14 Uhr,
http://www.gesetze-im-internet.de/tkg_2004/__149.html

UWG: Gesetz gegen den unlauteren Wettbewerb (UWG), auf gesetze-im-internet.de, 08.06.2016, 17.00 Uhr,
https://www.gesetze-im-internet.de/bundesrecht/uwg_2004/gesamt.pdf

Internetquellen

ARBEITS-ABC: Betriebsrat – Aufgaben, Rechte und Pflichten, auf arbeits-abc.de, 25.08.2016, 19.40 Uhr,
http://arbeits-abc.de/betriebsrat-aufgaben-und-rechte/

Dr. Datenschutz: Arbeitnehmerdatenschutz, auf datenschutzbeauftragter-info.de, 25.08.2016, 15.44 Uhr,
https://www.datenschutzbeauftragter-info.de/fachbeitraege/arbeitnehmerdatenschutz/

Dr. Datenschutz: Speicherung von Videoaufzeichnungen für zehn Tage zulässig, auf datenschutzbeauftragter-info.de, 26.08.2016, 12.50 Uhr,
https://www.datenschutzbeauftragter-info.de/speicherung-von-videoaufzeichnungen-fuer-zehn-tage-zulaessig/

Dr. Datenschutz: Überwachung am Arbeitsplatz: Telefonnutzung vs. Datenschutz, auf datenschutzbeauftragter-info.de, 23.08.2016, 16.47 Uhr, https://www.datenschutzbeauftragter-info.de/ueberwachung-am-arbeitsplatz-telefonnutzung-vs-datenschutz/

Dr. Datenschutz: Videoüberwachung und Datenschutz, auf datenschutzbeauftragter-info.de, 26.08.2016, 12.10 Uhr,
https://www.datenschutzbeauftragter-info.de/fachbeitraege/videoueberwachung-und-datenschutz/

Ferner Jens: Videoüberwachung – Was ist erlaubt, auf ferner-alsdorf.de, 25.08.2016, 19.22 Uhr, http://www.ferner-alsdorf.de/rechtsanwalt/it-recht/datenschutzrecht/videoueberwachung-was-ist-erlaubt/16525/

Flug Florian: Private Nutzung der Telefonanlage, auf boehmanwaltskanzlei.de, 24.08.2016, 14.24 Uhr, https://boehmanwaltskanzlei.de/kompetenzen/urheberrecht-medienrecht/datenschutz-recht/mehr-datenschutzrecht/3077-telefonueberwachung-am-arbeitsplatz

Büring Harald: Telefon- und Videoüberwachung am Arbeitsplatz – Achtung bei zu strenger Kontrolle!, auf akademie.de, 24.08.2016, 15.21 Uhr, http://www.akademie.de/wissen/telefon-videoueberwachung

Weitzmann John H.: Arbeitnehmerdatenschutz - Computer und Internet am Arbeitsplatz: Was darf der Chef wann kontrollieren?, auf irights.info, 22.06.2016, 14.35 Uhr, https://irights.info/artikel/computer-und-internet-am-arbeitsplatz-was-darf-der-chef-wann-kontrollieren-3/12889

Rammo Katrin: Regelung zur Zeiterfassung in der Betriebsvereinbarung, auf datenschutzbeauftragter-info.de, 25.08.2016, 15.57 Uhr, https://www.datenschutzbeauftragter-info.de/regelung-zur-zeiterfassung-der-betriebs-vereinbarung/

Kirsch Marcus: Überwachung am Arbeitsplatz: Arbeitszeiterfassung vs. Datenschutz, auf datenschutzbeauftragter-info.de, 26.08.2016, 10.13 Uhr, https://www.datenschutz-beauftragter-info.de/ueberwachung-am-arbeitsplatz-arbeitszeiterfassung-vs-daten-schutz/

Kirsch Marcus: Überwachung am Arbeitsplatz: Internetnutzung vs. Datenschutz, auf datenschutzbeauftragter-info.de, 29.08.2016, 09.00 Uhr, https://www.datenschutzbeauftragter-info.de/ueberwachung-am-arbeitsplatz-internet-nutzung-vs-datenschutz/

o.V.: Dienstleistung, auf bmwi.de, 07.06.2016, 08.37 Uhr, http://www.bmwi.de/DE/Themen/Mittelstand/Mittelstandspolitik/dienstleistungen,did=239884.html

o. V.: Die totale Überwachung am Arbeitsplatz: Was darf der Chef?, auf deutsche-anwaltshotline.de, 11.06.2016, 16.17 Uhr, http://www.deutsche-anwaltshotline.de/recht/news/302057-die-totale-ueberwachung-am-arbeitsplatz--was-darf-der-chef

o.V.: Haupt- und Nebenpflichten aus dem Arbeitsverhältnis, auf internetratgeber-recht.de, 08.06.2016, 16.17 Uhr, http://www.internetratgeber-recht.de/Arbeitsrecht/frameset.htm?http://www.internetratgeber-recht.de/Arbeitsrecht/RechteundPflichten/rpa3.htm

o.V.: Rechtswörterbuch, auf anwalt24.de, 29.08.2016, 09.42 Uhr, http://www.anwalt24.de/rund-ums-recht/Fernmeldegeheimnis-d164211.html

o.V.: Was sind Unternehmensziele?, auf was-ist-bwl.de, 07.06.2016, 09.40 Uhr, http://was-ist-bwl.de/unternehmen-ziele-leistungen-interessen/unternehmensziele

Paschke Lea: Background-Checks im Bewerbungsverfahren, auf datenschutz-notizen.de, 23.08.2016, 23.45 Uhr, https://www.datenschutz-notizen.de/background-checks-im-bewerbungsverfahren-2811711/

Kaumanns Peter: Zur Zulässigkeit einer Videoüberwachung von Arbeitnehmern am Arbeitsplatz, auf aufrecht.de, 30.08.2016, 16.24 Uhr, http://www.aufrecht.de/beitraege-unserer-anwaelte/arbeitsrecht/wann-ist-eine-videoueberwachung-von-arbeitnehmern-am-arbeitsplatz-erlaubt-und-wann-nicht.html

Voigt Sandra: Überwachung am Arbeitsplatz – Was ist erlaubt?, auf anwalt.de, 11.06.2016, 17.45 Uhr, https://www.anwalt.de/rechtstipps/ueberwachung-am-arbeitsplatz-was-ist-erlaubt_050997.html

Wolff Verena: E-Mail- und Telefonüberwachung, auf sueddeutsche.de, 24.08.2016, 14.55 Uhr, http://www.sueddeutsche.de/karriere/datenschutz-am-arbeitsplatz-was-der-chef-ausspionieren-darf-1.1330133-2

Schneider Volker: Videoüberwachung am Arbeitsplatz – Hoher Schadensersatz für Arbeitnehmer möglich, auf anwalt.de, 27.08.2016, 21.37 Uhr, https://www.anwalt.de/rechtstipps/videoueberwachung-am-arbeitsplatz-hoher-schadensersatz-fuer-arbeitnehmer-moeglich_016996.html

Anhang

Anlage 1: Fallstudie: Überwachung am Arbeitsplatz

Fallstudie

Ethische, soziale und politische Fragen

Überwachung am Arbeitsplatz

Auch wenn bei einem Spiel nur 11 Spieler auf dem Feld stehen, beschäftigt der Blackburn Rovers Football Club in Großbritannien mehr als 800 Personen. Und wie bei den meisten modernen Organisationen sind Computer die Grundvoraussetzung für einen effizienten Betrieb. Die meisten Computer des Clubs stehen in der Verwaltung im Ewood-Park-Büro, aber es gibt auch welche im Trainingszentrum und in der Fußballakademie.

Der Club entschied sich für die Installation einer Software namens Spector 360, die von dem Unternehmen Snapguard in Manchester entwickelt wurde. Wie der Werbeprospekt von Snapguard verspricht, kann man mit der Software unternehmensweit die PC- und Internetnutzung der Angestellten überwachen. Bereits zuvor hatte der Club versucht, eine Nutzungsrichtlinie (Acceptable Use Policy, AUP) durchzusetzen, aber nachdem die ersten Gespräche mit den Angestellten festgefahren waren, wurde diese Richtlinie nie implementiert. Erste Versuche mit Spector 360 zeigten, dass einige der Angestellten die laxeren Kontrollen am Arbeitsplatz ausnutzten, um den Großteil des Tages im Web zu surfen, in sozialen Netzwerken unterwegs zu sein und extrem viel Bandbreite für private Downloads belegten.

Vor der offiziellen Implementierung der Überwachungssoftware wurde die Nutzungsrichtlinie wieder ausgegraben. Sie wurde als E-Mail-Anhang an alle Angestellten verschickt und in das Mitarbeiterhandbuch aufgenommen. Außerdem wurde sie Bestandteil der Beschäftigungsbedingungen. Verständlicherweise waren einige Angestellte ziemlich empört darüber, dass sie überwacht wurden, was das Unternehmen jedoch nicht daran hinderte, die Software zu installieren. Laut Ben Hayler, leitender Systemadministrator bei Blackburn, hat Spector 360 definitiv die Ordnung wiederhergestellt, die Produktivität erhöht und die Aktivitäten in nicht firmenbezogenen Apps reduziert.

Die Spector-360-Software kann Berichte erstellen, die den Managern Folgendes verraten: Übermäßige Nutzung von Facebook, Twitter und anderen sozialen Netzwerken, Besuche auf Shopping Sites und Sites mit nicht jugendfreiem Inhalt, Nutzung von Chat-Diensten, Ausdrucken oder Speichern von vertraulichen Daten sowie Einlog- und Auslogzeiten der einzelnen Mitarbeiter. Manager können sich mit der Software auch Nutzungsmuster anzeigen lassen, Momentaufnahmen des Bildschirms erstellen oder sogar einzelne Tastenanschläge aufzeichnen.

Doch auch die Mitarbeiter profitieren von der Software. Da das System zum Beispiel genau aufzeichnet, was jeder Mitarbeiter macht, kann es zur Mitarbeiterschulung und Fehlerbehebung eingesetzt werden, denn es kann ganz leicht verfolgen, was der Auslöser eines bestimmten Problems war.

Ein weiterer wichtiger Nutzen der Software ist, dass sie dem Club hilft, den PCI-Sicherheitsstandard (Payment Card Industry Data Security Standard, PCI DSS) zu erfüllen, der für alle Unternehmen, die Kreditkartenzahlungen akzeptieren und Zugriff auf Kreditkartendaten haben, Vorschrift ist. Da Spector 360 alle Daten der Kreditkartentransaktionen verfolgt und aufzeichnet, können die Informationen ganz leicht wiederhergestellt werden.

Doch gibt es noch andere Arten, wie die Überwachung von Mitarbeitern am Arbeitsplatz aussehen kann. Gemäß dem Bürgerberatungsbüro (Citizens Advice Bureau), einem kostenlosen Informationsdienst für Bürger des Vereinigten Königreichs, werden Mitarbeiter unter anderem an ihrem Arbeitsplatz mit Kameras überwacht, ihre Briefe oder E-Mails werden geöffnet, E-Mails werden mit automatisierter Software überprüft, Telefonanrufe werden abgehört und aufgezeichnet, die aufgesuchten Websites werden aufgezeichnet und überprüft, es werden Videoaufzeichnungen außerhalb des Arbeitsplatzes gemacht und Informationen von Wirtschaftsauskunfteien und POS-Terminals eingeholt.

Auch wenn diese Liste recht beeindruckend ist, so ist doch unstrittig, dass Arbeitgeber ein Recht haben, sicherzustellen, dass ihre Arbeitnehmer nichts Illegales machen oder mit ihrem Verhalten dem Unternehmen nicht schaden. Im Rahmen des Datenschutzgesetzes Großbritanniens muss der Arbeitgeber sicherstellen, dass die Überwachung gerechtfertigt ist, und sich genau überlegen, welche negativen Auswirkungen die Überwachung auf das Personal hat. Überwachung rein um der Überwachung willen ist nicht erlaubt. Geheimes Überwachen ohne Kenntnis der Mitarbeiter ist in der Regel illegal.

In einem Fall, der 2007 vor dem Europäischen Gerichtshof für Menschenrechte verhandelt wurde (Copeland vs. Vereinigtes Königreich), behauptete Frau Copeland, eine ehemalige Angestellte am Carmarthenshire College, dass ihre Privatsphäre verletzt wurde. Sie war persönliche Assistentin des Direktors und arbeitete gleichzeitig eng mit dem stellvertretenden Direktor zusammen, der die Überwachung und Analyse ihrer Telefonrechnungen, E-Mails und der von ihr besuchten Websites veranlasste. Der stellvertretende Direktor wollte feststellen, ob Copeland übermäßigen Gebrauch von den College-Diensten machte. Der Europäische Gerichtshof entschied zu ihrem Gunsten mit dem Argument, dass ihre persönliche Internetnutzung unter die Definitionen der Konvention zum Schutz der Menschenrechte, hier speziell unter dem Begriff „Privatleben", fiele. Dabei gilt es zu berücksichtigen, dass, auch wenn der Fall erst 2007 verhandelt wurde, die Überwachung 1999 stattfand, und zwar bevor das britische Gesetz über Ermittlungsbefugnisse (Regulation of Investigatory Powers Act 2000) und die Telekommunikationsverordnungen (Telecommunications Regulations 2001), die die Regelungen zur Überwachung des Kommunikationsverkehrs klären sollten, Eingang in das englische und walisische Recht gefunden hatten.

Der größte Fehler des Carmarthenshire College war, dass es keine Nutzungsrichtlinien definiert hatte. Arbeitgeber und Arbeitnehmer sollten im Rahmen des Arbeitsvertrags grundsätzlich eine Richtlinie vereinbaren, die klärt, welche Form der Computernutzung am Arbeitsplatz erlaubt ist und welche nicht. Wenn ein Arbeitnehmer dann die Arbeitsplatzausstattung in einer Weise nutzt, die im Arbeitsvertrag untersagt ist, kann der Arbeitgeber normale Disziplinverfahren einleiten.

Doch unabhängig von der rechtlichen Situation ist klar, wo potenziell Probleme am Arbeitsplatz im Zusammenhang mit der Nutzung von Informationstechnik auftreten können. Eine einmal abgeschickte E-Mail wird zu einem rechtsverbindlichen Dokument, das als Beweis in Gerichtsverfahren, zum Beispiel bei Fällen von übler Nachrede, Vertragsbruch usw. verwendet werden kann. Die meisten Unternehmen setzen darauf, dass ihre Firmendaten der Konkurrenz immer um eine Nasenlänge voraus sind. Deshalb ist Verlust, Diebstahl oder Sabotage von Daten potenziell gefährlicher als ähnliche Probleme mit Hardware. Wenn ein USB-Speicherstick auf einem Parkplatz verloren geht, kostet der Ersatz der Hardware nur ein paar Dollar, wenn sich darauf allerdings vertrauliche Firmendaten befinden, könnte dieser Verlust das Unternehmen schnell in den Ruin treiben!

Vielen Unternehmen ist die Mitarbeiterproduktivität sehr wichtig. Es ist relativ einfach, den Zugriff auf bestimmte Sites (z.B. YouTube, Facebook usw.) zu sperren, aber eine pauschale Sperrung birgt auch Probleme, z.B. wenn ein Mitarbeiter aus beruflichen Gründen auf die Site zugreifen muss. Und es bleibt die Frage zu klären, ob diese Sites auch während der Mittagspause gesperrt bleiben sollen. Auf jeden Fall ist das Sperren solcher Sites auf den Desktop-PCs heutzutage keine Garantie mehr (wenn es denn je eine war), dass die Produktivität steigt, da Mitarbeiter dann einfach über ihre Smartphones auf diese Sites zugreifen.

Quellen: Information Commissioners Office, „Employment Practices Data Protection Code-Supplementary Guidance", www.ico.gov.uk/upload/documents/library/data_protection/ practical_application/coi_html/English/supplementary_guidance/monitoring_at_work_3.html vom 25. Oktober 2010; „Spector 360 Helps Blackburn Rovers Show Red Card to PC and Internet Abuse", Snapguard, www.snapguard.co.ui/ Blackburn_fc.html vom 25.Oktober 2010; „Citizens Advice Bureau Advice Guide, Basic Rights at Work", Adviceguide, www.adviceguide.org.uk/index/your_money/employment/ basic_rights_at_work.htm vom 25.Oktober 2010; „Employee Monitoring in the Workplace: What Constitutes 'Personal Data'?", Crowell und Moring, www.crowell.com/NewsEvents/Newsletter.aspx?id=654 vom 25. Oktober 2010.

Diese Fallstudie wurde netterweise von Andy Jones von der Staffordshire-Universität zur Verfügung gestellt.

Weiterführende Fragen zur Fallstudie

1. Halten Sie die Vorgehensweise von Blackburn Rovers gegenüber seinen Mitarbeitern für zu streng, zu lax oder für gerade richtig?
2. Betrachten Sie die fünf moralischen Dimensionen, die im Text beschrieben sind. Welche davon treffen auf den Fall Copeland vs. Vereinigtes Königreich zu?
3. Betrachten Sie folgendes Szenario: Ihr 14-jähriger Sohn besucht eine Fußball-Akademie. Während er dort ist, lädt er pornografische Bilder herunter, die er

später an seine Freunde im Club verkauft. Zu Hause hätte er diese Bilder nicht herunterladen können, da sie Kinderschutzsoftware installiert haben. Wer ist für diese Unvorsichtigkeit verantwortlich?

4. Warum ist das Problem der digitalen Kluft ein ethisches Dilemma?